BÉATRICE MINARD

PARIS DÉCO

110 ADRESSES STYLÉES POUR LA MAISON

PARIGRAMME

Merci à mon mari Julien pour son soutien inconditionnel,
à Adrien Aboudarham, Julien Clemmen et Stéphanie Broyer
pour m'avoir encouragée dans ce beau projet ;
merci enfin à Sandrine Gulbenkian pour sa confiance.

N'hésitez pas à nous écrire : sandrine.gulbenkian@parigramme.fr

Sommaire

LIVRES

En matière de déco, Paris offre un choix fantastique de boutiques, à tous les prix et dans tous les styles : ethnique, scandinave, classique, vintage, ou tout gentiment bobo... Mais encore faut-il connaître les meilleures !

Pour établir cette sélection de 110 adresses inspirées et inspirantes, tous les quartiers de la capitale ont été explorés, de Pigalle à la butte aux Cailles, en passant par Ménilmontant ou Passy.

Dans ces lieux, conseils judicieux et accueil personnalisé permettront aux indécis, aux perfectionnistes et à tous ceux qui tiennent à ce que leur intérieur reflète leur personnalité de trouver meubles originaux, accessoires chics mais aussi papiers peints, carreaux de ciment, jardins sous verre ou affiches arty.

Bonnes découvertes !

Astier de Villatte

173, rue Saint-Honoré, 1er • M° Palais-Royal-Musée-du-Louvre
Tél. 01 42 60 74 13

Ouvert du lundi au samedi de 11h à 19h30

astierdevillatte.com

BEAUTÉ SENSIBLE • Derrière le collectif Astier de Villatte se cachent Benoît Astier de Villatte et Ivan Pericoli, duo d'esthètes au goût certain pour l'inattendu. Pleine d'un charme mystérieux et poétique, cette ancienne boutique de couleurs est restée dans son jus avec ses boiseries patinées, où les objets sont mis en valeur par une lumière douce, presque poudrée. On pénètre dans ce bazar comme dans un sanctuaire, tant la fragilité des produits invite à la retenue. Cela n'empêche pas de sourire en lisant le nom des bougies "Mantes-la-jolie", ou devant les presse-papiers en verre anglais qui font le succès de la maison. On vient du monde entier regarder et acheter ici de la vaisselle en céramique *made in* Paris, fabriquée dans les ateliers du boulevard Masséna. De petits trésors poétiques, pleins d'âme, comme tout ce que l'on trouve ici.

Chez Moi

25, rue Hérold, 1er • M° Sentier
Tél. 06 61 26 23 31

Ouvert du mardi au samedi de 11h à 19h

chezmoiparis.com

HOME SWEET SHOP • Jean-Baptiste Charpenay-Limon ne fait rien comme tout le monde : ce jeune homme de goût a ouvert au public son appartement cosy et chaleureux, malicieusement baptisé “Chez Moi”. Chez lui, donc, on s’invite pour découvrir une sélection pointue de meubles, livres, accessoires et objets design mis en scène avec un talent indéniable. Ici, comme dans n’importe quel appartement parisien, on entre par la cuisine, où le plan de travail et l’évier font office de comptoir, avant de poursuivre la visite par le salon, la bibliothèque, la chambre et le bureau. Mais ici, tout est à vendre à l’exception du lit !

Girls & Roses

32, rue Montorgueil, 1er • M° Étienne-Marcel
Tél. 09 81 30 21 01

Ouvert lundi de 14h à 19h, du mardi au vendredi de 11h à 19h30, samedi de 11h à 20h

girlsandroses.com

CURIOSITÉS GREEN • Longtemps boudées, cactées, succulentes, plantes grasses et épiphytes sont désormais les reines incontestées de la déco. Parce qu'elles étaient amoureuses de leur esthétique si singulière, Delphine Thouzé et Philippa Glorian ont choisi de revisiter la fleuristerie traditionnelle pour se consacrer à ces végétaux hors du commun. Girls & Roses décline les curiosités végétales en proposant des plantes venues des quatre coins du globe présentées dans de jolis contenants. On y trouve ainsi des mini-cactus intégrés dans des porte-clés (9 €), des kokedamas japonais (14,50 €) ou encore les tillandsias, espèce qui se développe hors-sol : quelques arrosages par an, voilà de quoi ravir tous ceux qui n'ont pas la main verte !

Home Autour du Monde

20, rue des Pyramides, 1er • M° Pyramides
Tél. 01 40 20 09 62

Ouvert du lundi au samedi de 11h à 19h

Autres adresses sur le site
bensimon.com

INTEMPOREL • Depuis plus de 30 ans, Serge Bensimon partage sa philosophie positive, son amour pour les voyages, les couleurs et un attrait immodéré pour le design transversal. Son *concept store* de la rue des Pyramides traduit parfaitement ses envies de chic *casual*, à travers une sélection de meubles et d'accessoires toujours juste et dans l'air du temps. Matières nobles, créations repérées dans le monde entier, humour et raffinement, on trouvera ici de beaux luminaires, des coussins graphiques, des vases astucieux, choisis avec cohérence et régulièrement renouvelés au fil de l'année.

Maison Sarah Lavoine

9, rue Saint-Roch, 1er • M° Tuileries
Tél. 01 42 96 34 35

Ouvert du lundi au samedi de 11h à 19h

sarahlavoine.com

CLASSICO-BOHÈME • Sarah Lavoine a su faire de son nom une marque reconnue de tous, notamment à travers diverses collaborations avec Monoprix ou La Redoute. Son secret ? Allier sans complexes des pièces design à des accessoires artisanaux pour former un style à l'identité forte. Couleurs tranchées, soulignées de belles lignes noires à l'effet très graphique, et l'usage de matériaux faussement bruts comme le bois, le cuivre, l'acier ou la pierre constituent la signature de la marque. La boutique de la rue Saint-Roch affiche une ambiance chaleureuse et raffinée. On y trouve les pièces de mobilier, les luminaires, tapis, vaisselle et linge de maison imaginés par la créatrice parisienne, associés à quelques marques qu'elle affectionne. Mais, ici, le sur-mesure est roi, et vous avez la possibilité de repartir avec la peinture accordée aux couleurs de votre canapé !

Tsé & Tsé Associées

7, rue Saint-Roch, 1er • M° Tuileries
Tél. 01 42 61 90 26

Ouvert lundi de 13h à 19h, du mardi au samedi de 11h à 19h

Autre adresse sur le site
tse-tse.com

FÉES DU QUOTIDIEN • Véritables ovnis dans l'univers de la décoration, Catherine Lévy et Sigolène Prébois ont fait de leurs créations des icônes aux noms teintés d'humour. Parmi les pièces les plus connues, l'assiette Affamée, l'applique Tournebrille, ou encore le miroir Menteur ont été conçus pour enchanter la vie de tous les jours avec poésie et légèreté, mais aussi pour durer tout en résistant aux mirages de la mode. Fascinées par l'Inde et sa culture, les deux designers françaises s'inspirent régulièrement d'objets dénichés dans les bazars de Delhi, Bombay et Bangalore. Elles sont aujourd'hui à l'origine d'un style poétique et décalé, au service de meubles et accessoires du quotidien.

L'Appartement Sézane

1, rue Saint-Fiacre, 2e • M° Bonne-Nouvelle

Boutique joignable uniquement par mail : lappartement@sezane.com

Ouvert du mercredi au samedi de 11h à 20h

sezane.com/fr/lappartement

LOFT CONNECTÉ • Depuis son lancement en octobre 2015, ce site de vente en ligne connaît un succès fulgurant. Depuis 2016, une large partie du loft qui sert de showroom à cette griffe qui monte est consacrée aux accessoires déco souvent conçus par de jeunes créateurs français. La sélection change tout le temps, mais une constante demeure : une adéquation parfaite à l'air du temps que cette marque, désormais incontournable, traduit aussi si bien dans les vêtements qu'elle produit et choisit.

L'Effet Bulles

11, passage Choiseul, 2e • M° Quatre-Septembre
Tél. 01 71 39 35 69

Ouvert du mercredi au vendredi de 12h à 15h et de 16h à 19h, samedi de 14h à 19h

effetbulles.com

CHINE ÉCLECTIQUE • La passion de la chine est inscrite dans l'ADN de Sylvie La Rocca Lombardo depuis son adolescence. En parallèle d'une carrière dans la radio, cette amoureuse d'Art déco commence à organiser des "soirées déco" au cours desquelles elle met en scène ses trésors chinés pour les vendre. Quelques années plus tard, ce passe-temps prendra la forme concrète d'une boutique nichée dans le superbe passage Choiseul. L'Effet Bulles propose une sélection pointue et raffinée d'objets, tableaux et sculptures, accompagnés de quelques pièces rares de mobilier. Hormis certains accessoires, toutes les pièces sont uniques et proviennent des brocantes et vide-greniers que Sylvie parcourt inlassablement. Si sa sélection se tourne plutôt vers les objets du début du XXe siècle, la jeune femme se fie avant tout à ses coups de cœur et refuse de se cantonner à une période précise.

L'Illustre Boutique

1, passage du Grand-Cerf, 2e • M° Étienne-Marcel
Tél. 01 77 16 35 82

Ouvert du mardi au samedi de 11h30 à 19h

lillustreboutique.net

D'ART D'ART • Prenez un lieu hors du temps, des illustrations au graphisme recherché, une passionnée d'art, et vous obtiendrez L'Illustre Boutique, adorable échoppe nichée sous les voûtes du passage du Grand-Cerf. Marguerite Villotte y propose des illustrations de qualité à des prix très abordables, vendues sous forme de tirages numérotés et signés. La boutique est chaleureuse et cosy, loin des grandes galeries d'art froides et intimidantes. Outre les affiches (entre 20 € et 60 €), on y trouve plusieurs collections de produits gravitant autour de l'illustration et du papier. Guirlandes, cartes postales, bijoux et petite déco en carton complètent cet ensemble très poétique. Marguerite travaille exclusivement avec des créateurs français, choisis pour leur univers onirique.

Made.com

52, rue Étienne-Marcel, 2e • M° Bourse
Tél. 0805 103 119

Ouvert lundi de 14h à 19h30, du mardi au samedi de 10h30 à 19h30, dimanche de 12h à 18h

made.com

LE VIRTUEL DEVENU RÉALITÉ • Après Londres, Milan et Amsterdam, Made.com, bien connu des internautes fans de design accessible, a désormais son propre lieu d'exposition à Paris : un showroom de 840 m², rien que ça. Le credo ? Proposer des meubles de qualité à des prix cassés grâce à l'absence de stocks et d'intermédiaires. Sur deux niveaux, la boutique présente ses nouvelles créations et pièces emblématiques : assises, tables, luminaires, literie... Des ambiances "inspirationelles" ponctuent la scénographie, régulièrement remodelée avec l'arrivée hebdomadaire de nouveautés. 100 % connecté, le showroom Made.com oscille entre produits réels et virtuels, créant ainsi un univers ultramoderne où l'on peut passer directement commande à l'aide d'ordinateurs et tablettes mis à disposition. Comme quoi rien ne remplace le plaisir de toucher et d'essayer, même à l'heure d'Internet...

Persona Grata

71, boulevard de Sébastopol, 2e • M° Étienne-Marcel
Tél. 01 42 33 15 15

Ouvert du lundi au samedi de 10h à 19h, dimanche de 14h à 19h

persona-grata.com

DU ZINC ET DES COULEURS • Avec sa sélection pointue de meubles industriels, Persona Grata est la seule enseigne française qui accorde une place si particulière à l'éditeur Tolix, spécialiste du genre, qui a développé pour elle de nombreuses séries limitées. Créés par Xavier Pauchard, jeune plombier zingueur dans les années 1920, les meubles en métal de Tolix – dont la fameuse Chaise A en acier embouti et soudé – sont devenus de véritables icônes du design néo-industriel. Dans sa boutique, Persona Grata met magnifiquement en scène ces créations, par thème et par couleurs. Ici, étagères à clapets, assises, bureaux et tables sont accessoirisés de luminaires et de photos qui réchauffent et mettent en valeur les formes strictes et accueillantes de ces meubles si singuliers. Mention spéciale pour la collection enfant, aux lignes fraîches et colorées !

Rickshaw

7-10, passage du Grand-Cerf, 2e • M° Étienne-Marcel
Tél. 01 42 21 41 03

Ouvert du lundi au samedi de 11h30 à 19h30

rickshaw.fr

MAGIC INDIA • Dénicher du vintage "authentique" s'avère parfois être le parcours du combattant. Entre imitations et arnaques, il n'est pas toujours facile de s'approprier de jolis objets anciens ! Chez Rickshaw, tous les produits sont soigneusement sélectionnés en Inde, dénichés sur des chantiers, dans d'anciennes usines ou récupérés dans des trains ou des paquebots promis à la casse ou à la rénovation. Sur deux échoppes placées quasiment l'une en face de l'autre, on trouve un joyeux bazar savamment organisé par Gaël Ouaki, le propriétaire des lieux : luminaires entièrement ré-électrifiés, poignées de porcelaine aux motifs colorés, plaques émaillées, mobilier, miroirs en bois exotique... Les objets sont beaux et accessibles à tous. Comptez ainsi 35 € pour une lampe tempête, ou encore 9 € pour une ancienne publicité sur plaque émaillée.

CSAO

9, rue Elzévir, 3e • M° Saint-Paul
Tél. 01 42 71 33 17

Ouvert du mardi au samedi de 10h à 19h, dimanche de 14h à 19h

csao.fr

AFRICA BAZAR • Les housses de coussins ou de couettes en wax, la vannerie artisanale, les objets traditionnels, les bouilloires, les sous-verres peints à la main pleins d'humour ou encore les nattes colorées réchauffent aujourd'hui les intérieurs parisiens. Chez CSAO (pour Compagnie du Sénégal et de l'Afrique de l'Ouest), les objets sont fabriqués par des artisans justement rémunérés selon les règles du commerce équitable. L'âme de la maison ? Ondine, la directrice, qui met toute sa passion et son imagination à choisir les formes, les matériaux et les couleurs avant de se rendre sur place (Sénégal, Mali, Cameroun...) pour faire réaliser ses créations. CSAO accompagne ainsi l'air du temps et suscite l'intérêt de nombreuses marques telles que Sézane, pour qui Ondine a imaginé une jolie collection de coussins.

Le Monde Sauvage

109, boulevard Beaumarchais, 3e • M° Saint-Sébastien-Froissart
Tél. 01 42 72 01 40

Ouvert lundi de 13h à 19h, du mardi au vendredi de 10h30 à 12h et de 13h à 19h, samedi de 11h à 19h30

Autres adresses sur le site
lemondesauvage.com

SOUK CHIC • Le Monde Sauvage nous plonge dans l'univers ethnique imaginé par Béatrice Laval, la directrice de la marque. La petite entreprise familiale, fondée dans les années 1970, a pris de l'ampleur en devenant aujourd'hui l'une des marques préférées des amoureux de déco. Dans un esprit souk, la boutique mélange les accessoires textiles inspirés des cinq continents, le mobilier en rotin, les plaids et les édredons, les papiers peints et les petits accessoires déco. Le coussin japonais imprimé recto verso est une des pièces maîtresses des collections. Graphique, ethnique ou fleuri, il arbore des couleurs et des motifs éclatants pour un rendu déco-bohème intemporel (à partir de 54 €).

Merci

111, boulevard Beaumarchais, 3e • M° Saint-Sébastien-Froissart
Tél. 01 42 77 00 33

Ouvert du lundi au samedi de 10h à 19h

merci-merci.com

MERCI LA VIE • On ne présente plus Merci, temple de la déco bourgeois-bohème. Avec son mélange de mobilier vintage et contemporain, d'accessoires traditionnels et d'avant-garde, son département beauté et son rayon papeterie à la sélection ultra-pointue, Merci nous offre le luxe de prendre le temps pour flâner dans son espace unique de 1 500 m². Boutique aussi lumineuse qu'inspirante, Merci répartit ses trésors sur trois étages : les scénographies délirantes, sans cesse renouvelées, rythment les thèmes et les saisons. À noter le choix de couleurs imparables de housses de couettes et de draps en lin qui, à eux seuls, reconfigureront votre chambre à coucher, ainsi qu'un espace d'accessoires de cuisine judicieux et élégants importés des quatre coins de France et du monde.

Mona Market

4, rue des Commines, 3e • M° Saint-Sébastien-Froissart
Tél. 01 42 78 80 04

Ouvert lundi de 14h30 à 19h, du mardi au vendredi de 11h à 19h,
samedi de 11h à 13h30 et de 14h30 à 19h, dimanche de 14h30 à 19h

monamarket.com

MAISON DE RÊVE • Mona Market, c'est avant tout une histoire de famille démarrée en 2012 à Montpellier et poursuivie à Paris, sous l'impulsion d'Élisabeth Verdier et de sa fille Clémence Rondony, architecte d'intérieur (Mona était le sobriquet de cette dernière lorsqu'elle était petite). La boutique de la rue des Commines est conçue comme un véritable logement avec une cuisine, une chambre, une bibliothèque et une salle de bains aménagées pour se projeter plus facilement et mettre en valeur la jolie sélection de meubles et d'accessoires du tandem. À Paris, Mona Market est l'une des rares boutiques à proposer les suspensions Ay Illuminate, mais également les accessoires artisanaux de Rock the Kasbah et Tinja, conçus par des designers tunisiens.

Muskhane

3, rue Pastourelle, 3e • M° Filles-du-Calvaire
Tél. 09 77 06 53 47

Ouvert du lundi au samedi de 11h à 19h

muskhane.com

AVENTURES HUMAINES • Muskhane est né d'un amour inconditionnel pour l'humain, le savoir-faire et la matière, concrétisé par Valérie et Thierry Billot, en couple à la ville comme à la scène. Amoureux du Népal, ces deux explorateurs ont souhaité faire découvrir une partie de la culture de ce pays à travers son artisanat et ses techniques ancestrales, et notamment son usage du feutre, le matériau star de la boutique. Souple et coloré, ce parfait isolant thermique transformé par des Népalais de talent s'y décline en tapis, coussins, accessoires de décoration et de rangement... Tout un univers poétique sublimé par une scénographie aux accents vintage.

NordBØ

96, rue des Archives, 3e • M° Temple
Tél. 01 42 77 30 93

Ouvert du mardi au vendredi de 10h30 à 12h30 et de 13h30 à 19h,
samedi et dimanche de 11h à 18h30

nordbo-paris.com

DU BOUT DU MONDE • NordBØ est, à l'origine, une boutique dédiée au design des pays du nord de l'Europe, là où artisanat et originalité font bon ménage. Passionnées de voyages et de décoration, Alice et Stéphanie Vieux ont eu cependant la curiosité d'aller au-delà du design scandinave pour s'intéresser aux créations artisanales européennes, africaines ou asiatiques. Vaisselle, luminaires, linge de maison, vêtements, bijoux… NordBØ fait la part belle au design hors du commun en provenance d'Allemagne, d'Inde, du Danemark ou du Népal. Les pièces tribales sont particulièrement attrayantes et apportent de la chaleur et de la fantaisie à l'immaculé style scandinave.

The Collection

33, rue de Poitou, 3e • M° Filles-du-Calvaire
Tél. 09 62 10 47 78

Ouvert du mardi au samedi de 11h à 14h et de 15h à 19h

thecollection.fr

SO BRITISH • Humour et élégance 100 % *british* sont au rendez-vous chez Allison Grant. On retrouve chez The Collection toute l'âme et l'ambiance des intérieurs anglais, avec ses papiers peints de qualité, ses déclinaisons de couleurs aux tonalités profondes, mais aussi des créateurs encore méconnus du grand public. Véritable dénicheuse de talents, Allison prend le temps de rencontrer chaque semaine de jeunes artistes en quête d'une vitrine d'envergure. The Collection mêle ainsi avec brio l'avant-garde de la création européenne aux grands noms de la décoration (Petite Friture, Reine Mère, Smarin...). Si la boutique reste avant tout spécialisée dans le papier peint, elle propose également des luminaires, du mobilier ainsi que des accessoires pour la cuisine et la salle de bains.

Au Petit Bonheur la Chance

13, rue Saint-Paul, 4e • M° Saint-Paul
Tél. 01 42 74 36 38

Ouvert du lundi au samedi de 11h à 13h et 14h30 à 18h30

aupetitbonheurlachance.fr

DE L'ÉMOTION AVANT TOUTE CHOSE • Au cœur du village Saint-Paul, cette jolie boutique propose aux nostalgiques une multitude de petits objets divers et surprenants choisis avec soin par Maria Pia Varnier. Ne cherchez pas de fil rouge, car c'est essentiellement la poésie, l'humour et le graphisme qui dictent ici la composition des étals ! Maria Pia, chineuse hors pair, n'a que faire des modes et des tendances, cherchant avant tout à provoquer de belles rencontres avec des objets issus du passé : de l'étiquette de boucher en passant par les produits publicitaires, jouets anciens, cahiers d'écoliers vintage ou vaisselle de grand-mère, la sélection s'accumule dans un joyeux capharnaüm où l'on prend plaisir à fouiller.

Bien Fait

23, rue Saint-Paul, 4e • M° Saint-Paul
Tél. 01 42 77 86 72

Ouvert du lundi au vendredi de 10h à 19h

bien-fait-paris.com

FAITES LE MUR ! • Depuis quelques années, le papier peint opère un retour remarqué dans nos intérieurs. À fleurs ou à motifs, discret ou plus marqué, il personnalise n'importe quel intérieur. Cécile Figuette est spécialisée depuis plus de 10 ans dans l'édition de papiers intissés à la qualité irréprochable et aux graphismes extraordinaires. La jeune femme aime raconter des histoires qu'elle décline sur ses rouleaux aux noms évocateurs. À travers des coloris marqués et des motifs *oversize*, le papier peint s'invite ici comme la véritable star de la déco : présenté sur un ingénieux système déroulant, à la façon d'un studio photo, il simule la surface tapissée de façon ultra-réaliste. Cécile Figuette mélange avec talent motifs ethniques et design graphique pour créer à coup sûr l'inspiration chez chacun.

Fleux'

39 et 52, rue Sainte-Croix-de-la-Bretonnerie, 4e • M° Hôtel-de-Ville
Tél. 01 42 78 27 20

Ouvert du lundi au vendredi de 10h45 à 19h30, samedi de 10h30 à 20h, dimanche de 13h30 à 19h30

fleux.com

MÉGA SHOP • Fleux' est le magasin de tous les superlatifs : le plus grand (il se répartit en quatre boutiques), le mieux achalandé, le plus design et le plus décalé ! Que vous cherchiez une suspension, un luminaire, une lampe à poser, de la décoration de table, une chaise design ou simplement de la décoration tendance pour la maison, vous trouverez des objets design exclusifs, des accessoires déco, des idées cadeaux originales ou encore des meubles au look ultra-contemporain. Classés par famille, les produits sont exposés par marque ou par usage : une partie est ainsi dédiée aux pièces de mobilier les plus imposantes, une autre au design scandinave, une troisième aux accessoires du quotidien et aux luminaires, et la dernière aux senteurs et cadeaux décalés.

La Redoute Intérieurs

10, rue du Trésor, 4e • M° Saint-Paul • Tél. 06 07 14 60 68

Ouvert du lundi au vendredi de 11h à 19h, samedi de 10h30 à 19h30, dimanche de 12h à 19h

laredoute.fr/espace-magasins.aspx

DU VIRTUEL AU RÉEL • La Redoute Intérieurs a récemment ouvert sa première boutique parisienne : un espace de 155 m² destiné à l'aménagement de la maison, mêlant style scandinave, ethnique et vintage. Après le succès des premiers corners AM.PM. (dont celui du 5, rue Saint-Benoît, dans le 6e), c'est tout naturellement que le site de vente par correspondance a souhaité créer son propre showroom permettant de mettre en scène ses produits. Le magasin donne l'occasion de découvrir, toucher, tester et acheter ses objets préférés repérés sur le site ou dans le catalogue. De nombreux échantillons de tissus sont à disposition afin que chacun puisse se projeter et concevoir les associations idéales pour son intérieur. La Redoute Intérieurs souhaite également offrir une nouvelle expérience shopping avec des iPad fournis, parfaits pour affiner sa recherche ou passer une commande sur place. Ça manquait... ils l'ont fait !

Portobello

32, rue du Roi-de-Sicile, 4e • M° Saint-Paul
Tél. 01 42 72 27 74

Ouvert du mardi au samedi de 11h à 19h

portobello-decoration.com

TOTAL LOOK • Rébecca Felcey est issue du milieu des arts plastiques et de l'histoire de l'art, influences que l'on ressent clairement lorsque l'on franchit le seuil de Portobello. Située en plein cœur du Marais, cette boutique à la sélection très éclectique propose une décoration ultra-chic, intégrant un joli brassage de styles et d'époques. Portobello aborde également l'aménagement intérieur sous toutes ses formes, avec une gamme de mobilier éditée sous son propre nom en plus d'une sélection pointue de designers (Gubi, Gervasoni, Carl Hansen, Petite Friture...). Spécialisée à ses débuts dans les accessoires textiles, Portobello a peu à peu élargi son domaine de compétences au mobilier sur mesure et à la décoration intérieure : vous pouvez donc en repartir avec un nouveau canapé, un miroir, un plaid ou une proposition globale d'aménagement !

Sergeant Paper

38, rue Quincampoix, 4e • M° Rambuteau
Tél. 01 44 93 50 79

Ouvert du mardi au samedi de 12h à 20h

sergeantpaper.com

DÉMOCRATIQUE • Vincent Bouchenez et Pierre-Yves Perez, deux amoureux de peinture et de graphisme, marchands d'art de longue date, ont transformé leur galerie de la rue Quincampoix en boutique dédiée à “l'art pour tous”, rejoints dans la foulée par Cyrielle Berçu. Ici, les affiches signées de très bons graphistes français ou étrangers, connus ou pas, sont éditées en série limitée (souvent autour de 30 exemplaires) et proposées à partir de 30 €. Autre attrait du lieu : les expositions temporaires qui y sont régulièrement organisées afin de mettre en lumière un style, un artiste ou un courant : street art, BD, dessin naïf...

Bacsac

6, rue des Fossés-Saint-Jacques, 5e • M° Cardinal-Lemoine
Tél. 01 83 81 82 34

Ouvert du lundi au vendredi de 9h à 13h30 et de 14h30 à 18h30

bacsac.com

JOLIE PLANTE CHERCHE CONTENANT DESIGN ! • Bacsac est né en 2008 d'une rencontre entre voisins parisiens inspirés. Ensemble, ils inventent un nouveau type de contenants souples et légers en géotextile qui se dégagent des contraintes de la ville (manque d'espace, adaptabilité à tous types d'extérieurs). Leurs bacs tout-terrain ont l'avantage de se glisser sur tous les balcons urbains – quelle que soit leur dimension – et de laisser respirer les plantes grâce à leurs propriétés filtrantes et perméables. La marque propose aujourd'hui trois collections de contenants (humus, bacs géotextiles et batyline) à des prix compris entre 16 € et 360 € pour les modèles aux dimensions XXL. Des chantepleures (ancêtre médiéval de l'arrosoir), des ruches et des outils de jardinage viennent compléter cette collection aussi nature que contemporaine.

Claude Nature

32, boulevard Saint-Germain, 5e • M° Maubert-Mutualité
Tél. 01 44 07 30 79

Ouvert du mardi au samedi de 11h à 19h

claudenature.com

CABINET DE CURIOSITÉS NATURELLES • Autrefois connue des seuls passionnés de nature et des collectionneurs éclairés, la boutique Claude Nature accueille depuis quelques années une nouvelle clientèle, amoureuse de décoration atypique. Dans ce lieu surprenant, les papillons naturalisés côtoient les bêtes rampantes, les oiseaux exotiques et les petits mammifères empaillés. Claude et Hervé, qui ont la bonne humeur contagieuse et une connaissance hors pair de la faune et de son univers, concoctent chaque jour dans leur laboratoire des boîtes-vitrines réalisées à la demande (à partir de 60 € l'ensemble cadre/insectes) ou des mises en scène au rendu spectaculaire pour des restos, hôtels ou particuliers fortunés. Hors créations exceptionnelles, n'ayez crainte, les prix sont accessibles à tous (comptez 8 € pour un papillon, 12 € pour un coquillage).

Diptyque

34, boulevard Saint-Germain, 5e • M° Maubert-Mutualité
Tél. 01 43 26 77 44

Ouvert du lundi au samedi de 10h à 19h

diptyqueparis.fr

FIGUES, ENCENS ET AUTRES FRAGRANCES • À ses débuts, dans les années 1960, la boutique Diptyque était un magasin de tissus d'ameublement. Peu à peu, elle évolue pour devenir une sorte de bazar chic où se côtoient des objets inattendus, chinés par les fondateurs au gré de leurs voyages. Ceux-ci ont alors l'idée d'associer des bougies colorées à leurs collections textiles : ainsi naît la bougie parfumée, qui va rapidement devenir le produit phare du 34, boulevard Saint-Germain. Si les lieux ont gardé de nombreuses traces du passé, les collections ont beaucoup changé en près d'un demi-siècle. Plusieurs gammes de produits sont venues s'ajouter aux bougies désormais célèbres dans le monde entier : parfums, cosmétiques ou accessoires parfumés pour la maison proposés sous forme de sablier, palet, vaporisateurs... Et même une collection de carnets aux imprimés graphiques.

La Quincaillerie

3, 4 et 7, boulevard Saint-Germain, 5e • M° Maubert-Mutualité
Tél. 01 46 33 66 71

Ouvert du lundi au vendredi de 10h à 13h et de 14h à 19h,
samedi de 10h à 13h et de 14h à 18h

laquincaillerie.com

DES DÉTAILS QUI CHANGENT TOUT • Depuis son ouverture, il y a 58 ans, La Quincaillerie n'a cessé de présenter et de vendre des produits de qualité pour la maison. Aujourd'hui, elle compte 5 000 références réparties dans trois boutiques. Au n° 3, les poignées de porte et de fenêtre, au n° 4, les butoirs et, au n° 7, les accessoires de salles de bains, patères, grilles et crochets. Priorité est donnée ici au design le plus contemporain et aux matières nobles, dans une sélection unique à Paris.

Mise en Teinte

15, boulevard Saint-Germain, 5e • M° Maubert-Mutualité
Tél. 01 46 34 44 58

Ouvert du lundi au vendredi de 10h à 13h et de 14h à 19h, samedi de 10h à 19h

miseenteinte.com

POUR UNE MAISON EN BEAUTÉ • Le meilleur de la peinture, du papier peint, des enduits décoratifs et des sols (moquettes, revêtements en liège ou en cuir, etc.) est rassemblé dans ce paradis des gens de goût. Côté peinture, pour éviter de se perdre dans la banalité, seules quatre maisons stars sont à l'honneur : Tollens, Farrow & Ball, Flamant et Mise en Teinte. Cette dernière décline ses gammes dans plusieurs palettes aux noms évocateurs (Carnets de couleurs, Retour de voyage, Les Élégantes) qui défient toute concurrence en termes de couverture, qualité et tenue dans le temps. Sans nul doute, vous bénéficirez ici des conseils et de l'expérience indispensables pour vous aider à faire les bons choix et trouver les solutions adaptées à vos goûts et à toutes les situations.

Au Fil des Couleurs

31, rue de l'Abbé-Grégoire, 6e • M° Rennes
Tél. 01 73 79 78 87

Ouvert du lundi au samedi de 10h30 à 18h30

aufildescouleurs.com

CRÉATEURS D'ATMOSPHÈRE • Réunir plus de 10 000 références de papiers peints dans une même boutique, c'est le pari fou que s'est fixé Frank Halard. Des éditeurs français renommés (Élitis, Nobilis, Canovas, Edmond Petit...), aux marques européennes et américaines (Farrow & Ball, Sanderson, Ralph Lauren, Designers Guild, MissPrint...) en passant par les jeunes créateurs, tout le secteur est à portée de vue. Si le vaste choix et le bon goût des collections sont déjà une excellente raison de se rendre ici, la compétence des conseillères, qui connaissent leur incroyable catalogue sur le bout des doigts, est un autre point fort, vraiment appréciable pour ne pas se tromper et trouver les meilleurs accords matière/couleurs/motifs pièce par pièce.

Cire Trudon

78, rue de Seine, 6e • M° Mabillon
Tél. 01 43 26 46 50

Ouvert du lundi au samedi de 10h à 19h

trudon.com

GRAND STYLE • Fondée en 1643, Cire Trudon fut la première manufacture à fournir les bougies au roi Louis XIV et à sa cour. Le cirier parisien a traversé les siècles et les époques sans prendre une ride, tout en conservant la tradition artisanale. La boutique de la rue de Seine, conçue comme un cabinet de curiosités, présente les bougies sous des formes inattendues (on adore les bustes de Napoléon ou de Marie-Antoinette), parfois magnifiquement parfumées d'essences évocatrices (Calabre, Cyrnos ou Pondichéry). Mention spéciale aux diffuseurs et veilleuses, dont le design est aussi travaillé que la composition des bougies (un secret de fabrication religieusement gardé !). Comptez 65 € pour une bougie parfumée, 44 € pour un cierge.

Flamant

8, rue de l'Abbaye, 6ᵉ • M° Mabillon
Tél. 01 56 81 12 40

Ouvert du lundi au samedi de 10h30 à 19h

flamant.com

BON GOÛT BELGE • Véritable ambassadeur d'un style teinté de classicisme, Flamant a, le premier à Paris, il y a une quinzaine d'années, créé un concept de magasin "comme à la maison", en s'appuyant sur une offre variée de meubles et d'objets. Du style campagnard au chic parisien, en passant par le style contemporain, épuré et moderne, sans oublier un vaste choix de tissus, tapis, peintures et papiers peints, tout est superbement mis en valeur dans cette boutique grand format. La marque propose également un service de "déco à domicile" auquel on peut faire appel à différents niveaux : coaching produits, conseils pour le choix des couleurs, décoration des fenêtres ou projets de plus grande ampleur.

Lelièvre

4, rue de Furstemberg, 6e • M° Mabillon
Tél. 01 44 07 53 10

Ouvert du mardi au samedi de 10h30 à 13h et de 14h à 18h30

lelievre.eu

TISSUS D'EXCEPTION • La maison parisienne voit le jour en 1914. La guerre n'empêchera pas la marque de survivre et, un siècle plus tard, Lelièvre reste une référence du tissu de qualité. Avec plus de 6 000 modèles à son catalogue, la marque séduit toutes les générations qui trouvent dans cette incroyable sélection des motifs, matières et designs uniques au monde. Soieries, velours ou voilages, Lelièvre édite et réédite ses propres tissus, mais également ceux de grands noms de la mode comme Sonia Rykiel et Jean Paul Gaultier. Rebelles et sophistiquées, ces collections s'inscrivent parfaitement dans l'ADN de la maison centenaire en complétant une offre plus classique mais non moins inspirée.

Plastiques

103, rue de Rennes, 6ᵉ • M° Saint-Sulpice
Tél. 01 45 48 75 88

Ouvert du lundi au samedi de 10h15 à 19h

plastiques-paris.fr

CHIC ET PRATIQUE • *Cheap* le plastique ? Faux ! S'il a eu mauvaise réputation pendant longtemps (qualité médiocre, fabrication asiatique à grande échelle), le plastique opère un retour en force avec des marques qui soignent désormais sa qualité comme son mode de fabrication. La boutique Plastiques sélectionne des objets pour la maison et le quotidien réalisés en mélamine, PVC, polypropylène ou vinyle. Le design et la qualité sont au rendez-vous, et les grands noms de la déco restent fidèles à cette petite entreprise familiale créée il y a tout juste 40 ans. Frédérique Cattin prend un soin particulier à privilégier le *made in* France et Europe (Gien, Koziol, Guzzini...). Coup de cœur pour les nappes, qui se déclinent en trois matériaux différents, au graphisme chic et coloré, qu'elle fait ensuite plastifier pour une résistance sans faille.

Bonton Bazar

84 bis, rue de Grenelle, 7e • M° Rue-du-Bac
Tél. 01 44 39 09 20

Ouvert du lundi au samedi de 10h à 19h

Autre adresse sur le site
bonton.fr

CONCEPT STORE POUR CULOTTES COURTES • Prêt-à-porter mais aussi mobilier, linge de maison, livres et une multitude d'accessoires aussi ludiques qu'utiles se côtoient dans ce joyeux loft de 300 m^2. Avec comme principaux ingrédients la couleur, la bonne humeur et l'humour, le style Bonton séduit les familles de tous horizons. Ici, entre suspensions ou lampes à croquer, le mobilier en hêtre brut et le linge de maison en crépon (tours de lit, taies d'oreillers, turbulettes, housses de couettes…) se parent des couleurs de l'arc-en-ciel pour illuminer la chambre des tout-petits : un colorama chic et classique dont on ne se lasse pas !

Boutique Inès de la Fressange

24, rue de Grenelle, 7e • M° Sèvres-Babylone
Tél. 01 45 48 19 06

Ouvert du lundi au samedi de 11h à 19h

inesdelafressange.fr

AU VRAI CHIC PARISIEN • Le “souk-concept” imaginé par Inès de la Fressange a ouvert ses portes en 2015. L’icône, incarnation dans le monde entier de la Parisienne et fan de déco, a imaginé sa boutique comme un joyeux bazar dans lequel se laisseront aussi bien dénicher un panier tressé (signé Baan), de la jolie papeterie, un balai (Andrée Jardin), de bons thés ou... des clous dorés ! Le lieu – une vieille fonderie de bronze aux allures d’atelier à l’ancienne – est aussi surprenant que cet inventaire à la Prévert. Quant aux vêtements, présentés sur de jolis portants en cuivre, ils cohabitent parfaitement avec les coups de cœur chinés par Inès au cours de ses voyages et de ses innombrables balades.

Deyrolle

46, rue du Bac, 7e • M° Rue-du-Bac
Tél. 01 42 22 30 07

Ouvert lundi de 10h à 13h et de 14h à 19h,
du mardi au samedi de 10h à 19h

deyrolle.com

CULTISSIME • Depuis sa création en 1831, la boutique Deyrolle, l'une des plus belles de Paris, rassemble diverses collections axées sur la faune et la flore destinées à tous les amateurs de nature, de sciences et de curiosités. À l'étage, dans une mise en scène extraordinaire, presque baroque, animaux empaillés, papillons, coraux et coquillages, en vitrine ou non, côtoient les célèbres planches d'apprentissage scolaire au charme intact. Le rez-de-chaussée est dédié à la marque Le Prince Jardinier, axée sur l'art de vivre au jardin. À vous les beaux arrosoirs, les pots élégants et les sécateurs de compétition !

La Compagnie Française de l'Orient et de la Chine (CFOC)

10, boulevard Raspail, 7e • M° Rue-du-Bac
Tél. 01 42 79 13 15

Ouvert du lundi au samedi de 10h à 19h

cfoc.fr

ASIA MIX • Fondée il y a 50 ans par François Dautresme, la CFOC travaille aujourd'hui avec les meilleurs artisans de 27 pays d'Asie pour proposer une sélection inventive d'objets, servis par des techniques ancestrales, exigeantes et minutieuses. Dans un décor à l'esthétique soignée, s'offrent à nos regards belle vaisselle, objets laqués, linge de maison au toucher raffiné ainsi que des pièces de mobilier aux lignes traditionnelles, entièrement revisitées par les designers français. Petit plaisir supplémentaire : un bar à thé, halte bienvenue où découvrir des saveurs extraordinaires, parfaitement en adéquation avec le décor.

Le Grand Comptoir

116, rue du Bac, 7e • M° Sèvres-Babylone
Tél. 01 40 49 00 95

Ouvert lundi de 12h à 19h, du mardi au samedi de 10h30 à 19h

legrandcomptoir.com

CONVIVIAL ET DÉCONTRACTÉ • Dans un grand loft niché au bout d'un passage, cette boutique est dédiée au lifestyle sous toutes ses formes, du linge de maison aux accessoires en passant par les pièces de prêt-à-porter ou le mobilier. Créé il y a 25 ans par Jacques Loyer, Le Grand Comptoir propose une large sélection de produits au style classique et intemporel, sans oublier quelques pièces tendance et très colorées, nappes, foutas, coussins ou encore guirlandes lumineuses. Les prix sont accessibles à tous, et chacun peut repartir du magasin avec un petit cadeau ou un accessoire plus haut de gamme.

Maison M

25, rue de Bourgogne, 7e • M° Varenne
Tél. 01 47 53 07 74

Ouvert du mardi au samedi de 10h30 à 19h

maisonmparis.com

EXPLORATIONS STYLÉES • Caroline Tossan-Covillard, la créatrice de Maison M, a pensé sa boutique comme un "magasin-magazine", dans lequel la sélection et les thématiques sont renouvelées chaque mois. Après une première vie professionnelle dans la presse lifestyle, Caroline est allée rencontrer les meilleurs designers scandinaves. De ses voyages, elle a rapporté une certaine culture du beau et du travail bien fait qu'elle décline dans sa boutique par le biais d'une sélection de meubles et d'accessoires. Mais le style scandinave n'est pas la seule tendance représentée chez Maison M, les créateurs français y ont également leur place, et Caroline n'hésite pas à lancer régulièrement de nouveaux éditeurs et à donner leur chance à de nouvelles gammes, comme ces papiers peints hauts en couleur imaginés par la styliste Véronique Villaret.

The Conran Shop

117, rue du Bac, 7e • M° Sèvres-Babylone
Tél. 01 42 84 10 01

Ouvert du lundi au vendredi de 10h à 19h30, samedi de 10h à 20h

conranshop.fr

DÉCO XXL • Fondé par Sir Terence Conran en 1973, The Conran Shop puise ses racines à Londres dans le célèbre quartier de Notting Hill. On trouve ici tout ce qui se fait de mieux dans l'univers du design, qu'il s'agisse de mobilier, de vaisselle ou de linge de maison. La sélection est rigoureuse mais néanmoins large : la boutique de la rue du Bac est impressionnante avec ses 1 800 m² dans lesquels sont exposées et mises en scène les pièces d'inspiration contemporaine. Les trois étages de cet immense bâtiment conçu par Gustave Eiffel mélangent les classiques du design aux modèles exclusifs, les pièces vintage aux designs contemporains, petits créateurs et noms connus, sans une faute de goût.

Heure Industrielle

16, rue de Madrid, 8e • M° Europe
Tél. 01 43 87 44 17

Ouvert du lundi au jeudi de 8h à 12h30 et de 13h30 à 17h,
vendredi de 8h à 12h30 et de 13h30 à 16h

heure-industrielle.com

BAZAR ÉLECTRIQUE • Rescapée d'une époque révolue, l'Heure Industrielle fait partie de ces adresses recherchées par les amoureux de l'ancien. Cette horlogerie familiale reconvertie propose des accessoires dans le domaine de l'éclairage et de l'électricité. Des interrupteurs en bakélite, métal ou porcelaine, en passant par les câbles textiles décoratifs, les rosaces, les douilles, les ampoules vintage à filament ou les boutons de sonnette de style années 1930, l'Heure Industrielle vend de l'extraordinaire à travers une sélection qui fait toute la différence. Face aux géants du secteur, la boutique résiste grâce à sa réputation sans faille et à la fidélité d'une clientèle qui désire perpétuer le style 1900 jusqu'aux moindres détails. À une époque où le plastique et le PVC règnent en maîtres, le culte du rétro a encore de beaux jours devant lui !

L'Échappée Belle

110, rue de Miromesnil, 8e • M° Villiers
Tél. 01 72 60 00 95

Ouvert du mardi au dimanche de 11h à 19h

Facebook : Echappée Belle Atelier

MESSAGES PERSONNELS • Derrière L'Échappée Belle se cachent deux amies férues de décoration, Adeline Coustou et Nazha Amiel. On trouve ici de petits coussins parfumés, des sacs de rangement en papier sur lesquels on gravera ou imprimera le texte ou le dessin de son choix, mais aussi des foutas colorées et des corbeilles qu'Adeline et Naza brodent et customisent selon les envies de chacun. Les propriétaires se sont volontairement tournées vers les petits formats et les cadeaux accessibles à tous, et la boutique est à leur image, fraîche et pleine de peps !

La Vaissellerie

80, boulevard Haussmann, 8e • M° Saint-Lazare
Tél. 01 45 22 32 47

Ouvert du lundi au samedi de 10h à 19h

Autres adresses sur le site
lavaissellerie.fr

BASIQUES ESSENTIELS • Voilà 30 ans que La Vaissellerie apporte un nouveau souffle à l'univers des arts de la table. Entre lignes et motifs contemporains, la marque hexagonale réinvente la vaisselle de tous les jours. Dans une ambiance "chasse aux trésors", on part à la recherche de l'assiette, du mug ou du plat à tarte de ses rêves, en évitant tout de même les gestes brusques ! Malgré des dizaines de références aux imprimés colorés, la porcelaine blanche reste la star de la boutique : intemporelle et très économique, elle présente l'avantage de pouvoir être renouvelée facilement en cas de casse (avis aux maladroits !). En bref, La Vaissellerie reste une adresse incontournable dans le domaine des arts de la table et des ustensiles de cuisine.

Dis Bonjour à la Dame

4, rue Fléchier, 9e • M° Notre-Dame-de-Lorette
Tél. 01 42 81 20 78

Ouvert du mardi au samedi de 11h à 20h

dbald.com

REPAIRE ARTY • Cette boutique au nom peu banal doit son succès à sa sélection déjantée, mais surtout à la personnalité extraordinaire de Mathieu, le fondateur des lieux. L'artiste parisien, qui manie le pinceau depuis son adolescence, a d'abord eu l'idée de créer un atelier ouvert au public avant d'élargir le concept en y ajoutant une sélection de produits geek, humoristiques et un peu kitsch. Fidèle à sa vocation, Mathieu continue à dispenser également des cours de peinture pour les enfants et accueille deux expositions annuelles de créateurs, dont les œuvres drôles et poétiques reflètent avec justesse notre époque.

Ex & Terra

83, rue de Dunkerque, 9e • M° Anvers
Tél. 09 50 57 18 40

Ouvert du lundi au samedi de 12h à 20h

ex-et-terra.com

INTERCONTINENTAL • S'offrir un tour du monde sans quitter la capitale ? C'est le pari fou lancé par Xavier et Émilie Buchoux, deux cousins qui ont tourné le dos à leur quotidien pour partir à l'aventure à travers les cinq continents d'où ils ont rapporté une multitude d'objets produits par de petits artisans locaux ou récupérés dans des endroits improbables. La boutique mélange joyeusement accessoires vintage (kakemonos indiens, anciennes plaques émaillées, affiches *made in* Bollywood...) et plus actuels (vaisselle japonaise, dessous-de-plat, corbeilles à papier en laine bouillie...). Des couleurs et de l'humour *made in* Mexico City, Bombay ou Niamey...

Jamini

10, rue Notre-Dame-de-Lorette, 9e • M° Notre-Dame-de-Lorette
Tél. 09 83 88 91 06

Ouvert du mardi au samedi de 11h30 à 19h30, dimanche de 14h à 18h30

jaminidesign.com

LA PASSION DU TISSU • La créatrice Usha Bora a grandi dans le nord-est de l'Inde ; elle a tout juste 15 ans lorsqu'elle arrive en France et découvre Paris. Ce n'est que bien plus tard que Jamini – mot qui décrit la couleur pourpre en hindi – verra le jour, née de l'envie d'Usha de faire connaître les richesses de son pays de naissance. Dans cette grande boutique baignée de lumière, les textiles au toucher incomparable se parent de motifs contemporains pour former un style à la fois sobre et élégant. Comme une fenêtre ouverte sur l'artisanat indien, Jamini expose ses tapis, coussins, édredons et foulards dans un environnement minimaliste où l'on prend volontiers le temps de flâner, de toucher et d'apprécier la beauté de ces pièces magnifiques.

Keur

39, rue Jean-Baptiste-Pigalle, 9e • M° Pigalle
Tél. 09 84 32 74 38

Ouvert du mardi au vendredi de 10h à 19h, samedi de 10h à 19h30

keurselection.fr

PASSERELLE ENTRE EUROPE ET AFRIQUE • Après une carrière dans le prêt-à-porter, Alfi Brun décide d'ouvrir Keur – "maison" en wolof –, en 2013. Ce joli magasin propose des articles d'inspiration très contemporaine pour la maison, réalisés en matériaux naturels au Sénégal. Le wax tient ici la vedette et se décline sous forme de coussins (24 €), housses de couette (150 €), plaids et fauteuils au look volontairement décalé. À travers ses créations, Alfi nous montre une nouvelle facette du design africain. Du panier en fibres végétales au tableau naïf, en passant par les lanternes, les malles de récup' ou les petits fauteuils tressés, chaque objet est une invitation au voyage. Incontournable.

Krea99

83, rue de Dunkerque, 9e • M° Anvers
Tél. 01 45 26 62 24

Ouvert lundi de 11h à 19h, du mardi au vendredi de 12h à 20h,
samedi de 10h à 20h

Facebook : Krea99

ASIA TOUCH • C'est avec une facilité instinctive que David Sarrailh, fondateur de Krea99, mélange influences asiatiques et design européen à travers sa sélection d'accessoires, céramiques, bijoux, gadgets et petits cadeaux insolites. Dans un loft tout en longueur, Krea99 fait harmonieusement cohabiter des pièces d'artisanat coréen avec des accessoires dénichés au Japon, en Chine et parfois en Europe. Hors des tendances et des codes, la sélection de David est toujours absolument dans l'air du temps, pleine de grâce et souvent d'humour.

Lab.

10, rue Notre-Dame-de-Lorette, 9e • M° Notre-Dame-de-Lorette
Tél. 01 71 39 54 82

Ouvert du mardi au samedi de 10h à 19h

lab-boutique.com

COLORAMA • Élodie Laleous puise son inspiration dans son quotidien : le rose des fraises Tagada, le bleu de Santorin et le jaune des premiers narcisses forment la palette dans laquelle elle pioche chaque jour de nouvelles idées. Après plusieurs années passées dans la mode, Élodie s'est spécialisée dans la teinture du linge de maison, qu'elle réalise aujourd'hui à la demande sur du tissu *made in* France : le lin, la percale de coton et la laine se parent de l'incroyable palette Farrow & Ball et des couleurs imaginées par la créatrice. Vous trouverez ainsi chez Lab. de nombreux trésors textiles ainsi qu'une collection de papiers peints, meubles d'inspiration *fifties*, des accessoires pour la maison. Le bar à coussins offre la possibilité de mixer les couleurs et les matières au gré de ses envies.

PA Design

2 bis, rue Fléchier, 9e • M° Notre-Dame-de-Lorette
Tél. 01 42 85 58 33

Ouvert du mardi au vendredi de 11h à 14h et de 15h à 19h,
samedi de 10h30 à 13h et de 14h à 19h

pa-design.com

DESIGN MADE IN FRANCE • PA Design, marque hexagonale qui a fêté ses 20 ans en 2016, poursuit sa quête de créations ludiques et fonctionnelles sans jamais oublier l'aspect poétique et l'humour. Ses best-sellers ? La Toise Théo sur laquelle on ajoute les photos de ses bambins au fur et à mesure des années, la boule à thé Tea Sub (en forme de sous-marin jaune) ou encore le bloc-notes Monde Riant, lot de post-it qui reprend les couleurs et les lignes des tableaux de Mondrian. La boutique propose également d'autres produits et marques à l'esprit tout aussi inspiré, comme les miroirs design en bois Reine Mère ou les lampes à effet 3D Studio Cheha.

Place A

50, rue de Rochechouart, 9e • M° Anvers
Tél. 09 83 85 58 21

Ouvert du mardi au samedi de 11h à 19h30

place-a.com

BELLE VITRINE • Adrien, ancien *merchandiser* passionné de décoration et de design, a fondé la boutique Place A après avoir démarré par la vente en ligne. Il y expose de multiples accessoires à la touche féminine (coussins Ferm Living, dessous-de-plat Snug...), des bougies parfumées (Yankee Candle), des bocaux Tradis *made in* USA, de la vaisselle et de nombreux accessoires pour la maison. Dans le prolongement de sa boutique aux allures de loft, Adrien dispose aussi d'un espace où il invite une jeune marque française différente tous les 15 jours, renouvelant ainsi régulièrement sa vitrine et son offre.

Babel

55, quai de Valmy, 10ᵉ • M° République
Tél. 01 42 40 10 95

Ouvert du lundi au samedi de 11h30 à 19h30, dimanche de 12h à 19h

Facebook : Babel Concept Store

MALLE AUX TRÉSORS • Véritable caverne d'Ali Baba, Babel foisonne de bibelots anciens, bondieuseries et autres accessoires au charme poétique indéniable. On peut passer des heures à fouiller parmi ce bric-à-brac joliment mis en scène par Vanessa Doger, fondatrice des lieux et ancienne styliste. Un doux parfum de nostalgie flotte dans cet ancien atelier où tout est à vendre et où l'ancien et le neuf se côtoient intelligemment avec des prix démarrant à 5 € – jusqu'à 400 €. Vous trouverez également dans la première partie de la boutique de jolies créations végétales, senteurs et vêtements imaginés par Vanessa et pour la plupart fabriqués en France.

Bazartherapy

15, rue Beaurepaire, 10e • M° Jacques-Bonsergent
Tél. 01 42 40 10 11

Ouvert du mardi au samedi de 11h à 19h30, dimanche de 14h à 19h

bazartherapy.com

CAPHARNAÜM DÉCALÉ • Emanuel Attali et Pascal Bildstein sont aux commandes de cet élégant bazar installé dans une ancienne droguerie, qui regroupe absolument tout ce qui se fait de plus inattendu en matière de déco d'intérieur. La sélection est vaste, avec plus de 2 000 références glanées aux quatre coins du globe. Les produits sont classés par thème ou par usage avec une large place laissée à la papeterie, aux senteurs, à l'art de la table et au petit mobilier. On ne se lasse pas de revenir régulièrement dans ce *gift shop* à la française, dans lequel la sélection et les thèmes sont renouvelés chaque mois.

Green Factory

17, rue Lucien-Sampaix, 10e • M° Jacques-Bonsergent
Tél. 01 74 64 56 15

Ouvert du mercredi au samedi de 11h30 à 19h30, dimanche de 11h30 à 18h

greenfactory.fr

VÉGÉTAUX SOUS VERRE • Et si les jardins miniatures représentaient l'avenir du monde végétal en ville ? C'est le pari fou que s'est lancé Noam Levy, après quelques années à travailler dans le jardin d'un kibboutz en Israël. Cette adresse un peu mystérieuse nous offre une plongée dans l'univers onirique de son fondateur, qui crée chaque jour des dizaines de terrariums inspirés des mini-jardins japonais. C'est un réel plaisir de parcourir les étagères sur lesquelles se dressent ces contenants transparents de tailles et de formes diverses, qui se composent d'un arbre miniature dominant un petit monde sous verre, un écosystème incroyable capable de s'épanouir grâce à la lumière du jour et à quelques arrosages annuels (quatre par an en moyenne).

La Trésorerie

11, rue du Château-d'Eau, 10e • M° République
Tél. 01 40 40 20 46

Ouvert du mardi au samedi de 11h à 19h30

latresorerie.fr

DROGUERIE REVUE ET CORRIGÉE • Conçue dans la lignée des bazars d'autrefois par Éva Coustals, petite-fille de mercière aveyronnaise, Lino Landau et Didier Geffrault, et installée dans l'ancienne Trésorerie principale du 10e arrondissement, cette droguerie des temps modernes propose, dans un savant agencement, tout le nécessaire aux travaux du quotidien : brosses, vaisselle, produits d'entretien, ustensiles de cuisine… mais aussi des chaises, des tables basses, de la peinture ou des coussins – le tout stylé et accessible. On se sent bien sous la grande verrière de cette boutique ordonnée et calme, et les conseils avisés des vendeurs et de Lino y sont pour beaucoup. Juste à côté, une halte au café Smörgas s'impose : il fait partie de la même maison !

Madeleine & Gustave

19, rue Yves-Toudic, 10e • M° République
Tél. 01 40 38 61 02

Ouvert tous les jours de 11h30 à 19h30

madeleine-gustave.com

SLOW DÉCO • Ce beau *concept store* abrité au sein d'une ancienne imprimerie expose avec fluidité une sélection recherchée de meubles et d'objets au style pur très "Lowlands" (Belgique, Pays-Bas...). Pascale Gibert, la créatrice de cette boutique de 400 m², a fait le choix de produits pointus et intemporels en soignant le beau, le pratique et l'écolo : de la vaisselle, des paniers et des objets de décoration aux lignes simples et aux matières impeccables, avec une large place offerte aux marques nordiques. Pour la petite histoire, Madeleine & Gustave étaient un couple d'amis des grands-parents de Pascale Gibert, amoureux discrets et élégants qui ont largement inspiré la sélection.

Pop Market

50, rue Bichat, 10e • M° Jacques-Bonsergent
Tél. 09 52 79 96 86

Ouvert du lundi au vendredi de 11h à 15h et de 16h à 19h30,
samedi de 11h à 19h30, dimanche de 15h à 19h

popmarket.fr

OBJETS INSPIRÉS • Gaîté et bonne humeur sont au rendez-vous dans ce joli local aux allures *fifties* situé à deux pas du canal Saint-Martin. Entièrement dédiée à la culture populaire, ludique et un brin régressive, la boutique Pop Market nous entraîne dans son univers ultra-coloré. Sans savoir exactement ce que l'on va y trouver, il fait bon fouiller ici et là parmi une multitude d'objets drôles et décalés. Sacs de créateurs, bijoux délicats, lampes sérigraphiées, guirlandes lumineuses à composer, papeterie importée d'outre-Atlantique et du Japon, rééditions de livres cultes, petites séries et marques peu diffusées en France : la recette du succès !

Robert M. Smith

25, rue de Sambre-et-Meuse, 10e • M° Belleville
Tél. 06 68 53 91 84

Ouvert du mercredi au dimanche de 13h30 à 20h

robertmsmith.fr

DRÔLE DE BROCANTE • Derrière Robert M. Smith se cache Anthony Chenafi, artiste-peintre passionné de vintage. Accompagné de son épouse Sonia, Anthony parcourt inlassablement les brocantes et vide-greniers de l'Hexagone à la recherche de trouvailles déco, qu'il soigne comme autant de trésors précieux. Sa sélection, aux influences résolument *fifties,* est le fruit de toutes ses "chasses" exposé dans un véritable esprit brocante. N'hésitez pas à farfouiller ! Mais les talents d'Anthony ne s'arrêtent pas là puisqu'il fabrique également ses propres meubles et luminaires adaptés aux petits espaces parisiens.

Adeline Klam

54, boulevard Richard-Lenoir, 11e • M° Richard-Lenoir
Tél. 01 48 07 20 88

Ouvert du lundi au samedi de 11h à 19h

adelineklam.com

PASSION JAPON • La boutique d'Adeline Klam est née de sa passion pour le papier japonais et ses motifs doux et raffinés. Cette jeune autodidacte est d'abord passée par la case atelier, avant que ne germe l'idée d'une véritable boutique, oasis de douceur, éclatante de motifs et de couleurs. Les passionnés de DIY s'y retrouvent pour leurs emplettes de papier washi, feuilles à origamis, *masking tape* et petite mercerie. De nombreuses créations prêtes à emporter sont disponibles (boîtes à mouchoirs, guirlandes d'origamis, appliques murales...), mais vous trouverez également tout le nécessaire pour les reproduire chez vous. Chaque samedi, Adeline donne des cours durant lesquels vous apprendrez l'art du pliage, de la carterie ou encore du bouquet en papier : bons moments garantis !

Borgo Delle Tovaglie

4, rue du Grand-Prieuré, 11ᵉ • M° Oberkampf
Tél. 09 82 33 64 81

Ouvert du lundi au vendredi de 10h à 22h30, samedi de 11h à 22h30

borgodelletovaglie.com

CHIC ET SAVOIR-FAIRE MADE IN ITALY • La marque Borgo Delle Tovaglie a ouvert sa première boutique parisienne dans un ancien atelier de caoutchouc de 700 m², dans lequel elle présente l'ensemble de sa collection dédiée à l'art de la table, au textile de maison, aux luminaires et accessoires de décoration. Une incroyable atmosphère néo-industrielle idéale pour mettre en valeur les nombreux accessoires en lin, la céramique et un mobilier patiné au look néanmoins très contemporain. Un mélange de tradition, de raffinement et d'élégance qui s'adapte aisément à tous les styles d'intérieurs. Bon goût oblige, Borgo Delle Tovaglie propose aussi un rayon d'épicerie fine ainsi qu'un bistrot gourmand dans lequel vous pourrez déguster des spécialités italiennes.

Emery & Cie

18, passage de la Main-d'Or, 11e • M° Ledru-Rollin
Tél. 01 44 87 02 02

Ouvert du lundi au samedi de 11h à 19h

emeryetcie.com

SUBLIME DU SOL AU PLAFOND • C'est dans une ruelle pleine de charme que se niche la boutique Emery & Cie. Entre showroom et comptoir d'échantillons, cette belle enseigne expose sur deux étages ses multiples modèles de carreaux de ciment, zelliges, kleurtjes, carreaux de verre et de pierre dure, auxquels s'ajoutent des tapis, une large gamme de peinture et de la quincaillerie. Fondée par Agnès Emery, fille de céramistes bruxellois, la marque est devenue en quelques années LA référence incontournable dans le domaine du carreau de ciment, à travers des modèles plébiscités par les amateurs de déco et les professionnels. L'enseigne propose également un bureau d'études qui aide les particuliers à définir leur projet déco et à choisir la meilleure association couleurs/motifs pour un décor qui leur ressemble.

Klin d'œil

6, rue Deguerry, 11e • M° Goncourt-Hôpital-Saint-Louis
Tél. 01 77 15 22 30

Ouvert du mardi au samedi de 11h à 19h

klindoeil.com

L'ART… ET LA MANIÈRE • Émilie et Virginie Capman sont aussi différentes que complémentaires : la première est graphiste et la seconde travaillait à la scénographie du *concept store* Merci avant de se lancer dans l'aventure Klin d'œil. Après avoir participé à différentes ventes de créateurs au Carreau du Temple, les deux sœurs ont franchi un nouveau cap en ouvrant une boutique à leur image : pétillante, créative et très conviviale. Ce grand espace mi-boutique mi-galerie est dédié à l'artisanat et à la jeune création. Émilie et Virginie se sont mues en de véritables dénicheuses de talents, privilégiant les circuits courts, sans cesse à la recherche de produits originaux et décalés. La boutique est en perpétuel mouvement, accueillant aussi bien des expos temporaires que des ateliers DIY, orchestrés chaque samedi en toute décontraction.

Les Fleurs

5, rue Trousseau, 11e • M° Ledru-Rollin • Pas de téléphone

Ouvert du mardi au samedi de 11h30 à 19h30

boutiquelesfleurs.com

VINTAGE ET DÉCALÉ • Après avoir ouvert une première boutique à l'abri du passage Josset, Lucie Deniset inaugure sa seconde adresse parisienne en 2015 à deux pas de là, rue Trousseau. Un lieu entièrement dédié à la maison où jeunes créateurs et marques en vogue cohabitent dans une ambiance hors du temps. Les Fleurs affole, depuis sa création, les curieux et les *aficionados* de décoration, qui viennent y puiser l'inspiration pour relooker leur intérieur avec une touche bohème et décalée. Outre les meubles et accessoires déco, la boutique propose de petites plantes – tillandsias, succulentes, cactus – qui se marient en douceur à ce capharnaüm vintage. Les amateurs de cabinets de curiosités ne seront pas en reste car Les Fleurs offre tout un panel de trophées, globes, herbiers et bibelots en porcelaine délicate qui feront leur bonheur.

LE QUARTIER POPINCOURT : LE CARRÉ D'OR DES BROCANTEURS

Rue du Marché-Popincourt, 11e • M° Parmentier

À deux pas de la rue Oberkampf se trouve une petite place carrée bordée d'anciens ateliers : parmi eux se cachent des brocantes qui raviront les amoureux de vintage et de mobilier XIXe-XXe. Sur les huit boutiques autrefois présentes, il n'en reste plus que trois, qui méritent cependant largement le détour. Au n° 1 de la rue, Alasinglinglin est la plus ancienne. Philippe Chevillon, aujourd'hui aux commandes de cette institution, mène d'une main de maître l'approvisionnement de sa boutique rétro où l'on peut découvrir de nombreux meubles (enfilades, bureaux de style scandinave…) et accessoires (porte-manteaux, miroirs, luminaires…). Avec ses tarifs très raisonnables, Alasinglinglin représente une excellente alternative aux puces de Saint-Ouen aux prix parfois prohibitifs. Juste derrière se sont installées les boutiques Trolls & Puces et Belle Lurette (au n° 5), plus orientées vers le mobilier et les accessoires du début XXe. Un peu plus haut, au 16, rue Neuve-Popincourt, se trouve l'Atelier 154 dédié au design industriel. Dans cet immense showroom (un ancien atelier spécialisé dans le métal repoussé), Stéphane Quatresous présente armoires métalliques, lampes et suspensions d'usine, chaises industrielles et casiers aux formes affirmées et en très bon état.

Alasinglinglin

Tél. 01 43 38 45 54
Ouvert du mardi au vendredi de 12h à 19h,
samedi et dimanche de 14h à 19h

Trolls & Puces/Belle Lurette

Tél. 01 43 14 60 00
Ouvert du mardi au vendredi de 12h à 19h,
samedi et dimanche de 14h à 19h

Atelier 154

Tél. 06 62 32 79 06
Ouvert du mardi au samedi de 11h à 19h,
dimanche de 14h à 19h

Facebook : Atelier 154

Maison Aimable

16-18, rue des Taillandiers, 11e • M° Bastille
Tél. 09 82 53 16 18

Ouvert du mardi au samedi de 10h30 à 14h et de 15h à 19h30

maison-aimable.com

DÉCO BOHÈME ET RIGUEUR SCANDINAVE • Maison Aimable porte bien son nom : le sourire est la seconde nature de Muriel Rousseau, qui met toute son énergie à dénicher de beaux objets. Après plusieurs années passées dans le milieu du graphisme, cette entrepreneuse énergique et passionnée a opéré un virage à 360° pour ouvrir son propre commerce, avec succès ! Le charme opère dès la devanture, avec de belles découvertes artistiquement mises en scène. La sélection ultra-pointue se partage entre style scandinave, design industriel et une touche bohème. Et si les grands noms de la déco sont présents, les petits créateurs ne manquent pas, comme le cirier français Mademoiselle Lulubelle, les Allemands du collectif Fundamental Berlin ou encore les plateaux suédois Ary Trays.

Caravane (la Maison et la Table)

19 et 22, rue Saint-Nicolas, 12e • M° Bastille
Tél. 01 53 02 96 96

Ouvert du mardi au samedi de 11h à 19h

Autres adresses sur le site
caravane.fr

BELLES MATIÈRES, COULEURS ET VOYAGES • Depuis sa création en 1995, la marque Caravane nous offre une belle leçon de style, avec le textile pour vedette. Des bazars de Delhi et Istanbul aux souks marocains, Véronique et Jack-Éric Piedeleu explorent inlassablement les quatre coins du globe pour y dénicher des produits authentiques, mêlant artisanat local et design actuel. En 15 ans d'existence, Caravane a su imposer sa touche, teintée d'élégance et de classicisme. Décorateurs et particuliers s'arrachent ses accessoires dont le style et la qualité sont irréprochables. Du tapis berbère aux housses de coussins en passant par les assises en lin et les rideaux au toucher délicat, chaque article devient une pièce unique pour se fondre dans tous les décors, quel que soit leur style.

Ithemba

67, avenue Daumesnil, 12ᵉ • M° Gare-de-Lyon
Tél. 01 44 75 88 88

Ouvert du lundi au samedi de 10h30 à 19h, dimanche de 15h30 à 19h

ithemba.fr

DESIGN ÉTHIQUE • Ithemba est une marque éthique, née de la volonté de conjuguer design, artisanat et solidarité. Ses créateurs, Amine Trabelsi et Carine Khalil, designers férus d'artisanat et de déco éco-citoyenne, ont le goût du voyage et un intérêt marqué pour les techniques des artisans du monde entier, qui s'ouvrent de nouveaux débouchés en travaillant avec Ithemba. Objets de décoration, luminaires, petits meubles, toujours originaux et fabriqués à la main aux quatre coins de la planète, sont donc achetés à prix juste par Amine et Carine.

L'Établisienne

88, boulevard de Picpus, 12e • M° Picpus
Tél. 01 43 46 35 32

Ouvert tous les jours de 10h à 19h

letablisienne.com

LE ROYAUME DU DIY • Prenez des établis, des artisans aux savoir-faire complémentaires et des citadins en manque d'espace pour leurs activités manuelles... et vous obtiendrez L'Établisienne ! À la fois boutique, dépôt-vente et atelier, ce *fablab* à la française met à disposition de chacun l'espace et le matériel nécessaires pour y réaliser son projet DIY. Qu'il s'agisse de découpe, tapisserie, rénovation, impression 3D, travail du rotin, du bois ou du zinc, tous les projets sont susceptibles d'y voir le jour. Sous l'œil bienveillant d'artisans qualifiés, de nombreux ateliers sont régulièrement proposés pour apprendre ou se perfectionner (49 € le stage de deux à trois heures pour les non-adhérents). Vous pouvez également louer votre établi à l'heure ou à la journée pour venir travailler en solo tout en profitant de l'expérience des autres bricoleurs.

Oranjade

5, rue de Charonne, 12e • M° Ledru-Rollin
Tél. 01 43 57 04 67

Ouvert du mardi au vendredi de 12h à 19h

oranjade.com

DÉCO ENSOLEILLÉE • Oranjade était au départ un simple e-shop spécialisé dans la “world decoration”. Mais le besoin de contact “réel” a rapidement démangé ses deux créatrices, Asma Kadra et Soumeya Benhassine, qui ont ouvert leur showroom à deux pas de la place de la Bastille. Toutes leurs trouvailles, dénichées au gré des voyages, se déploient dans le calme d’une jolie cour pavée. Un petit air de vacances plane dans l’air, et l’on découvre avec curiosité la sélection aux lignes graphiques : les tapis Beni Ouarain, la vaisselle aux motifs ethniques ou encore des foutas rayées éclatantes de couleurs ! Asma et Soumeya ont à cœur de mettre en avant la création locale et le travail des artisans de tous les pays à travers des pièces uniques ayant chacune leur propre histoire.

Petit Pan

7, rue de Prague, 12ᵉ • M° Gare-de-Lyon
Tél. 09 54 18 50 39

Ouvert du mardi au samedi de 10h à 14h et de 15h à 19h

Autres adresses sur le site
petitpan.com

POUR UNE MAISON EN COULEUR • Myriam De Loor et Pan Gang ont inventé un monde bouillonnant de couleurs et de motifs contemporains et gracieux, déclinés en coussins, rideaux, luminaires, objets pour les chambres d'enfants et d'adultes ainsi qu'en petits articles de mercerie. Pour tout refaire dans la maison, un très grand choix de cotons enduits et de tissus vendus au mètre sont en vedette pour les férus de créations personnelles. Derniers-nés de la boutique, les carreaux de ciment, imaginés en collaboration avec Carocim et au graphisme ultra-original, qui transformeront les cuisines ou les salles de bains les plus banales en des lieux chicissimes.

La Clarière

8, rue de l'Espérance, 13e • M° Corvisart
Tél. 01 82 09 44 79

Ouvert du mercredi au samedi de 14h à 19h

laclariere.blogspot.fr

CRÉATION TEXTILE ET TRÉSORS CHINÉS • La Clarière a su créer un univers peuplé de petits trésors oubliés, textiles délicats et objets modestes. Un monde d'inspiration "shabby" joliment mis en scène par Sharon MacDonald, couturière et chineuse invétérée. Après 10 ans passés dans l'architecture, c'est finalement vers le textile que se tourne la Canadienne aux doigts de fée. À ses débuts, La Clarière est un atelier où sont élaborées ses impressions textiles, avant de devenir, quelques années plus tard, une boutique ouverte au public. Sharon y propose ses créations textiles réalisées avec des tissus anciens (lin, coton et dentelle vintage), ainsi que divers objets glanés au fil des balades et des vide-greniers, souvent à petits prix : cadres anciens, serviettes de table rétro (15 € les six), livres, gravures aux dessins délicats et sachets de lavande faits main vous replongeront dans le monde merveilleux de l'enfance.

Stasia

10, rue des Frères-d'Astier-de-la-Vigerie, 13ᵉ • M° Maison-Blanche
Tél. 01 45 86 26 16

Ouvert du mardi au vendredi de 11h à 13h30 et de 15h à 19h,
samedi et dimanche de 11h à 19h

stasia.fr

YIN ET YANG • Stasia est une véritable institution dans l'univers de la décoration asiatique. Ouverte en 1987, elle est tenue par les mêmes propriétaires depuis sa création. Si la scénographie n'est pas le point fort de la boutique, son contenu est en revanche extrêmement riche et varié. On y trouve une impressionnante collection de *maneki neko* (chats porte-bonheur traditionnellement présents dans les commerces japonais), buddhas, vaisselle (bols à motifs traditionnels à partir de 5,70 €), suspensions de tissu ou papier de riz, cache-pot aux dessins naïfs… un ensemble d'accessoires qui nous offre un voyage vers le continent asiatique – tous pays confondus – à moindres frais.

Thème – Marchand de Curiosités

56, boulevard de l'Hôpital, 13e • M° Saint-Marcel
Tél. 01 43 31 37 75

Ouvert du mardi au samedi de 11h30 à 19h30

marchanddecuriosites.com

ASIE D'HIER ET D'AUJOURD'HUI • Jean-Michel Béal est intarissable sur l'Asie et ses mystères. Depuis près de 30 ans, il s'y rend régulièrement pour y dénicher les meubles rares vendus dans ses deux boutiques. La première est consacrée à la décoration, produits textiles et petit mobilier : on y flâne d'une étagère à l'autre tout en buvant un thé parfumé offert par le patron. La sélection de Jean-Michel est vaste, et la boutique propose aussi bien des CD de méditation que des lanternes vietnamiennes ou des gravures anciennes. Dans la seconde, plus encombrée, s'alignent les pièces les plus imposantes : armoires de mariage traditionnelles chinoises, chaises d'inspiration Ming, buffets et tables basses qui raviront les amateurs d'exotisme et de meubles extraordinaires.

La Boutique au Bout de la Rue (ou presque)

18, rue Francis-de-Pressensé, 14e • M° Pernety
Tél. 09 75 40 64 71

Ouvert du mardi au samedi de 10h30 à 19h00

laboutiqueauboutdelarue.fr

DÉCO CHINÉE ET AUTHENTIQUE • Les cinéphiles auront sans doute saisi l'allusion à l'œuvre du cinéaste américain Ernst Lubitsch, *The Shop Around the Corner*, un des films les plus charmants jamais réalisés. Si la boutique était au départ dédiée au mobilier chiné et aux petits accessoires fabriqués en France, Anne Duchesne y a rapidement ajouté ses coups de cœur artisanaux issus des cinq continents : paniers africains (19 €), trousses japonaises (36 €) ou encore plateaux à motifs *british*. Son leitmotiv ? Proposer des produits que l'on ne voit nulle part ailleurs. Parmi la sélection d'accessoires se glissent ainsi des pièces de mobilier soigneusement restaurées et customisées par Anne et son mari. Des objets uniques, complétés par des marques françaises encore peu connues.

Les Autruches

33, rue Boulard, 14ᵉ • M° Denfert-Rochereau
Tél. 01 43 20 23 62

Ouvert du mardi au samedi de 11h à 14h et de 15h30 à 19h,
dimanche de 11h15 à 13h15

lesautruches.com

SIMPLICITÉ ET CLASSICISME • Les Autruches, c'est le surnom donné aux deux fondatrices lorsqu'elles étaient enfants. Laurence Talon et Christine Boissaye sont deux sœurs passionnées de beaux objets ; leur boutique a vu le jour en 2003 avec un objectif précis : rassembler leurs coups de cœur et objets cultes, qu'ils soient issus des catalogues tendance ou de créateurs plus confidentiels. De Caravane à Tsé & Tsé en passant par Ay Illuminate ou Serax, on retrouve chez Les Autruches les incontournables de la déco. La boutique offre également l'occasion de découvrir de jolies nouveautés (housses de coussins Rock The Kasbah, linge de maison guinéo-suédois Tensira, tapis *outdoor* Pappelina...), dénichées au gré des voyages et des rencontres. En face (n° 32), leur second magasin, Les Petites Autruches, tout aussi fourni, est dédié à l'univers de l'enfant.

Mama Petula

82, avenue Denfert-Rochereau, 14ᵉ • M° Denfert-Rochereau
Pas de téléphone

Ouvert samedi et dimanche de 14h à 20h

Facebook : Mama Petula

POÉSIE VÉGÉTALE • Si la jeune Caroline Ciepielwski évolue dans l'univers des plantes depuis 15 ans, Mama Petula est son premier point de vente. Ce lieu hors du temps propose une sélection de végétaux qu'elle soigne chaque jour avec passion. "Contrairement aux fleuristes traditionnels, je rempote chacune de mes plantes. J'ai d'ailleurs transformé une partie de la boutique en nurserie, où je remets sur pied les végétaux malmenés par le manque de soins", précise-t-elle. Le décor est un savant mélange de meubles et d'accessoires dénichés dans l'enceinte de l'ancien hôpital Saint-Vincent-de-Paul où se trouve la boutique, comme un clin d'œil au passé des lieux. On en ressort avec une succulente, une fougère ou un cactus présentés dans des contenants vintage à prix doux.

Mint & Lilies

27-29, rue Daguerre, 14ᵉ • M° Denfert-Rochereau
Tél. 01 43 35 30 25

Ouvert lundi de 14h30 à 19h30, du mardi au samedi de 10h30 à 19h30

mintandlilies.com

AU NATUREL • Bienvenue dans l'univers onirique de Mint & Lilies, artistiquement orchestré par Nathalie Guettier et Mélanie Barre-Bertin. Ces deux drôles de dames ont quitté leurs jobs respectifs pour fonder une boutique à leur image : douce, poétique et cosy. La *slow déco* y tient une place de choix, entre matières naturelles, ambiance bohème et artisanat du bout du monde. La boutique présente ses objets sur du mobilier chiné – "comme à la maison" – que l'on peut également acheter. L'univers végétal y est très présent – couronnes champêtres à suspendre (35 €), bougies parfumées ou encore vaisselle en bois (bols à partir de 19 €) : une ode à la simplicité et au naturel ! Au-delà de l'esthétique, Nathalie et Mélanie prêtent une attention toute particulière à la provenance des objets choisis et à la façon dont ils sont conçus. Une raison supplémentaire de succomber à leur sélection...

Mosaïc del Sur

220, boulevard Raspail, 14e • M° Raspail
Tél. 01 82 88 04 42

Ouvert du mardi au samedi de 10h à 18h

carreauxmosaic.com

MOTIFS ET MATÉRIAUX À GOGO • Avec le grand retour du zellige, du granito (matériau composé de ciment et de granula de verre) et du carreau de ciment, la boutique Mosaïc del Sur surfe depuis plus d'une décennie sur la tendance des sols rétro. La marque originaire de Malaga a su tirer le meilleur du savoir-faire espagnol en sélectionnant des produits de qualité, fabriqués à la demande : elle propose aujourd'hui l'une des gammes les plus riches dans ce domaine avec plus de 400 références ! Au fil des ans, les collections se sont enrichies et les motifs ont adopté de nouveaux graphismes, allant du plus classique au plus contemporain. Le showroom du boulevard Raspail s'étend désormais sur trois étages où sont exposés les produits sous forme de mises en scène (salle de bains, cuisine aménagée, etc.). Comptez environ 74 € pour 1,20 m de carreaux de ciment, et 95 € pour la même surface en zellige.

Storie

20, rue Delambre, 14e • M° Vavin
Tél. 01 83 56 01 98

Ouvert lundi de 15h à 20h, du mardi au samedi de 11h à 14h et de 15h à 20h

storieshop.com

CHAQUE OBJET A SON HISTOIRE • Raconter l'histoire qui se cache derrière chaque objet, voilà la raison qui a poussé Fiona Cameron et son mari à créer la boutique Storie. Les multiples tables et étagères mêlent objets insolites, créations textiles, luminaires, senteurs, petit mobilier et vaisselle : tout ici est issu de l'artisanat et choisi en fonction de son mode de production. Le but ? Soutenir des familles défavorisées, des associations et des coopératives aux quatre coins du globe. Mais la sélection dépasse les "déjà-vus" de la décoration ethnique avec une mention spéciale pour les kanthas indiens brodés et les accessoires en fil de téléphone *made in* Swaziland.

Jardin Pamplemousse

105, rue Mademoiselle, 15e • M° Vaugirard
Tél. 01 77 19 39 46

Ouvert du mardi au vendredi de 10 à 19h, samedi de 11h à 18h30

jardinpamplemousse.com

DES TROPIQUES À PANAME • C'est en se promenant dans le mythique Jardin Pamplemousse – immense oasis végétale au cœur de l'île Maurice – que Florence de Guerry a eu l'idée de créer sa propre marque. Tourné au départ vers les herbiers tropicaux, Jardin Pamplemousse est devenu 20 ans plus tard un showroom de 200 m² chic et design. Florence y expose des meubles qu'elle dessine elle-même, mélangés à quelques marques qu'elle affectionne. Les tableaux végétaux y sont toujours présents, témoignant de l'amour inconditionnel de la designer parisienne pour la nature. Ils apportent une touche fraîche et graphique à la sélection de mobilier qui s'inspire à la fois des lignes *fifties* et du classique parisien. La boutique propose également des projets de décoration globale pour rénover une pièce ou un intérieur de A à Z.

Joli Jour

14, rue Bausset, 15e • M° Vaugirard
Tél. 06 88 09 38 22

Ouvert de 10h30 à 19h du mardi au samedi, dimanche de 10h30 à 12h30

jolijour.fr

MIX AND MATCH • Aude Christin aime le Paris 1900, l'atmosphère des ateliers d'artistes, le *mix and match* et les beaux tissus. La jeune entrepreneuse a fait de sa boutique un véritable écrin pour sa sélection de meubles et d'accessoires, présenté en situation. “Les clients avouent avoir parfois l'impression de rentrer chez moi”, s'amuse-t-elle. Joli Jour mélange les marques connues à une ribambelle de petits créateurs (Sandrine Chambéry, Nathalie Gagneux, Rouge Horizon), jouant ainsi la carte des micro-collections. Aude ayant un passé de designer textile, le linge de maison tient ici une place prépondérante. Il rivalise avec d'autres accessoires dans un esprit bohème et rétro, exposé dans un ensemble plein de charme et de surprises. Venez souvent, Aude renouvelle sa sélection plusieurs fois par semaine.

Les Parisettes

95, avenue Émile-Zola, 15e • M° Charles-Michel
Tél. 01 75 43 23 65

Ouvert lundi de 14h à 19h, du mardi au samedi de 10h à 19h

lesparisettes.com

SI PARIS M'ÉTAIT CONTÉ... • Vous désespérez de trouver un joli cadeau-souvenir aux couleurs de Paris ? Direction Les Parisettes ! Cette boutique regroupe une sélection originale de cadeaux, accessoires et gadgets qui offrent un joli pied de nez aux tours Eiffel *cheap* "*made in China*". La sélection mise clairement sur un design original et inventif, avec des produits conçus par des créateurs essentiellement parisiens ou français : de la tour Eiffel en Plexiglas (à partir de 20 €) à la boule de neige Flamingo (6 €). Ici, les marques hexagonales (Merci Gustave, Bonjour Mon Coussin...) côtoient les produits estampillés Les Parisettes : drôles, créatifs, poétiques, parfois kitsch, ils renouvellent avec talent le traditionnel cadeau-souvenir.

Nox

151, rue Blomet, 15e • M° Convention
Tél. 01 45 30 95 40

Ouvert du mardi au vendredi de 10h30 à 19h30, samedi de 10h à 19h30

noxdeco.com

UNE MAISON QUI VOUS RESSEMBLE • La boutique Nox, conçue comme un appartement avec de multiples pièces en enfilade, fait la part belle au mobilier contemporain et aux accessoires déco. Ici, le conseil est une priorité : venez avec des photos des pièces à relooker, et on vous orientera en fonction de votre style ! Côté marques, grands noms de la déco et créateurs plus confidentiels sont là : tapis Beija Flor, chaises Tolix ou encore Fermob sont quelques-unes des milliers de références disponibles. La sélection jardin est également l'une des plus importantes de Paris ; les heureux propriétaires de balcons y trouveront certainement matière à un relooking de choix.

Ressource

2-4, avenue du Maine, 15e • M° Duroc
Tél. 01 42 22 58 80

Ouvert du mardi au vendredi de 9h à 18h30, samedi de 10h à 18h30

ressource-peintures.com

MARCHAND DE COULEURS MODERNE • Depuis près d'un quart de siècle, la maison Ressource réinvente la couleur pour offrir à la peinture et aux revêtements muraux à la chaux une place de choix dans l'univers de la décoration. Pour ressusciter les teintes du passé tout en restant ouverte sur l'avenir, la marque s'est entourée de créateurs inspirés : Philippe Model, Serge Bensimon ou encore Sarah Lavoine ont chacun mis leur savoir-faire au service de Ressource le temps d'une collection. Chaque couleur est disponible en six finitions : mat poudré, mat soyeux, laque mate, satin velouté, laque satinée hydrodiluable et laque brillante. Depuis peu, le marchand de couleurs s'exerce à l'art du papier peint avec une première collection imaginée avec le Studio Forestine : 10 décors originaux déclinés en plusieurs coloris, associés à 28 nouvelles teintes de peintures.

L'Atelier de Passy

19, rue Vital, 16e • M° La Muette
Tél. 01 45 04 57 65

Ouvert du lundi au samedi de 10h à 19h

latelierdepassy.fr

POUR TOUT REFAIRE DE A À Z • Trouver une sélection de revêtements mur et sol, tapis sur mesure, textiles et peinture dans un même lieu sans passer par les géants du bricolage relève de nos jours de l'exploit, sauf à L'Atelier de Passy, créé par Yoni Naccache. Inspiré par les nombreux architectes qu'il a côtoyés dans son ancienne vie consacrée à la rénovation d'intérieur, sans cesse à l'affût des nouvelles tendances, il propose aujourd'hui une formule originale mixant vente de matériaux, pose et conseil, le tout dans un lieu unique. Sur deux étages, L'Atelier de Passy présente une sélection de carrelages, marbres, céramiques, robinetterie, peintures... mais aussi un choix conséquent de tissus, moquettes et papiers peints, déclinés dans une large gamme de prix.

Le Cèdre Rouge

4, avenue du Président-Kennedy, 16e • M° Passy
Tél. 01 76 78 36 25

Ouvert du mardi au samedi de 10h à 19h

Autre adresse sur le site
lecedrerouge.com

TOUT UN ART DE VIVRE • Le Cèdre Rouge accueille les plus grandes signatures du design autour de toute une gamme de produits soigneusement sélectionnés par Henri Le Menestrel. Sur 200 m², on y propose mobilier design, luminaire, art de la table autour de marques comme Kartell, Fermob, Muuto, Hay, Artemide ou encore Gervasoni, qui cohabitent dans une atmosphère chic et moderne. L'offre pour la terrasse et l'extérieur (aux origines des boutiques Cèdre Rouge) est très riche et variée. La boutique propose aussi des peintures, tissus, revêtements de sols ou tapisseries décoratives ,permettant ainsi de tout trouver sur place, sans perdre ni temps ni énergie.

Loulou Jasmin

5, rue Poussin, 16e • M° Michel-Ange-Auteuil
Tél. 01 46 47 18 36

Ouvert du lundi au samedi de 10h30 à 14h et de 15h à 19h

louloujasmin.com

BOUDOIR AU FÉMININ • À l'origine du projet Loulou Jasmin, il y a la volonté d'une décoratrice, Valérie Bettane, de faire partager sa passion pour les textiles de luxe, le graphisme et les couleurs. En moins de six ans, la boutique est devenue l'adresse incontournable du quartier pour dénicher étoffes rares, papiers peints étonnants, objets de créateurs ou tout simplement des cadeaux originaux... En plus des accessoires déco traditionnels et du mobilier, une partie de la boutique est consacrée aux tissus d'ameublement et aux revêtements muraux. On retrouve tous les grands noms de l'édition, tels que Designers Guild, Pierre Frey, Hermès, Osborne & Little, Canovas et bien d'autres. Mention spéciale pour les boîtes à thé, réalisées en émail cloisonné et signées Fabienne Jouvin. Valérie a ainsi créé son "QG" où elle peut puiser la matière brute nécessaire à ses projets de décoration d'intérieur.

Toiles de Mayenne

83-85, avenue Paul-Doumer, 16e • M° La Muette
Tél. 01 42 88 32 33

Ouvert lundi de 14h à 19h, du mardi au samedi de 10h à 19h

toiles-de-mayenne.com

DES RAYURES ET DES COULEURS • À la fois tisseur et éditeur, manufacture et marque, Toiles de Mayenne se définit comme un concept global autour de quatre métiers : la création, la fabrication de tissus pour la maison, la confection et le conseil en décoration. La marque bicentenaire a établi sa réputation autour de la célèbre toile bayadère, mais son savoir-faire ne s'arrête pas là : la boutique propose aujourd'hui une gamme de tissus en coton bio, des toiles à trame métallique auxquelles s'ajoute une collection de lins de qualité. La gamme de peinture récemment développée laisse présager une envie d'explorer de nouveaux univers, même si le tissu reste le pilier de son identité ! On retrouve en boutique les produits qui font le succès de la marque, des coussins aux plaids, en passant par la confection de rideaux sur mesure, mais également des tissus aux motifs plus ethniques et aux couleurs pop.

Aleth Vignon

98, rue Legendre, 17e • M° Place-de-Clichy
Tél. 01 42 63 75 40

Ouvert du mardi au vendredi de 11h à 14h et de 15h à 19h30,
samedi de 11h à 19h

alethvignon.com

LE CHARME INCARNÉ • Nichée au cœur du quartier des Batignolles, la boutique-atelier Aleth Vignon fait partie de ces adresses que l'on garde jalousement pour soi. On y trouve les coussins Maison Lévy aux imprimés figuratifs, la vaisselle Pols Potten ou encore les accessoires en laine bouillie Muskhane, mais aussi de belles pièces textiles, souvent dans des matières atypiques comme ces rideaux en fibre de bananier ou en crin... Malgré une surface étroite, ce "laboratoire", toujours mis en scène de façon élégante et cosy, est vraiment un délice à fréquenter. On y confectionne également sur mesure des rideaux, coussins, nappes et autres accessoires.

Blou

20, rue des Dames, 17e • M° La Fourche
Tél. 01 46 27 50 84

Ouvert du mardi au samedi de 10h à 19h30

Autres adresses sur le site
blou-paris.fr

DESIGNE-MOI UNE MAISON • Blou, ce n'est pas une, ni deux, mais bien trois boutiques consacrées au design en plein cœur du quartier des Batignolles, menées par Julien et Nicolas, deux passionnés de décoration. Le duo y met en scène ses meubles et accessoires, beaux et fonctionnels, "comme à la maison". Côté marques, on y trouve une large gamme de mobilier et de luminaires d'éditeurs européens tels que Muuto, Treku, Prostoria, Normann Copenhagen, Hay, Böwer, String, Tolix ou Vertigo Bird... La boutique se transforme aussi plusieurs fois par an en galerie d'art pour exposer des artistes, des créateurs et des designers "coups de cœur".

Kann Design

8, rue des Moines, 17e • M° La Fourche
Tél. 09 51 64 50 13

Ouvert du mardi au vendredi de 11h à 13h et de 14h à 19h30,
samedi de 13h à 19h30

kanndesign.com

NÉO RÉTRO • Kann est un jeune éditeur et créateur de mobilier inspiré par les années 1950. Son fondateur Houssam Kanaan a décidé de reprendre l'atelier de son père au Liban et de faire fabriquer ses créations par une équipe de menuisiers, ébénistes, tapissiers et peintres au savoir-faire unique. Outre ses propres créations, parfois réalisées sur mesure, la marque Kann édite également de nombreuses pièces "coups de cœur" imaginées par d'autres artistes et designers, comme les bougies et photographies signées Lola James Harper, les lampes Gras ou encore les coussins Simple Concept.

Les Mauvaises Graines

5 bis, passage Geffroy-Didelot, 17e • M° Villiers
Tél. 01 40 67 13 40

Ouvert du lundi au samedi de 10h à 20h
(mardi jusqu'à 21h)

lesmauvaisesgraines.paris

ONIRIQUE ET VÉGÉTAL • Ce fleuriste hors du commun séduit par son ambiance mi-conte de fées mi-rock'n'roll. Ici s'entremêlent gracieusement fleurs et plantes avec une large place accordée aux "mauvaises graines", que David Jeannerot fait pousser aux quatre coins de la ville. Dans cet espace atypique, la scénographie a été soignée dans les moindres détails. Les accessoires de décoration – livres, œuvres naturalistes – mettent en valeur les mini-jardins aux noms évocateurs : The Clash, Sex Pistols, Nirvana, qui sont créés ici chaque jour. Le rock est en effet la seconde passion de David !

MobilHome

108, rue Legendre, 17e • M° Brochant
Tél. 01 58 59 10 01

Ouvert du mardi au samedi de 11h à 19h30

chezmobilhome.com

VINTAGE DU NORD • Pascale et Patricia sont passionnées de mobilier vintage qu'elles restaurent avec un enthousiasme intact depuis leurs débuts. Ces bricoleuses hors pair choisissent les meubles et objets qu'elles importent des pays nordiques (Suède, Danemark...) et leur donnent une seconde vie avant de les exposer aux côtés de leurs propres créations. Manier les outils est loin de les effrayer, et le sous-sol de la boutique MobilHome est devenu, au fil des ans, un atelier très fourni où sont restaurées leurs trouvailles et conçus les luminaires inspirés des designers Serge Mouille et Jean Prouvé qu'elles admirent. MobilHome propose également des accessoires pour la maison issus de collections contemporaines *made in* Scandinavia comme Madam Stoltz, Hübsch, Broste Copenhagen ou Pols Potten, qui complètent à merveille cette sélection très *fifties*.

Petit Désordre

94, rue Nollet, 17e • M° Brochant
Tél. 01 44 85 52 27

Ouvert du mardi au samedi de 11h30 à 19h30

desordreurbain.fr

CHIC ET BONNE HUMEUR • Voisine de Désordre Urbain, Petit Désordre vient compléter la sélection ultra-pointue de Dorothée Beucher, qui manquait jusqu'alors d'espace pour exposer l'ensemble de ses trésors déco. L'ambiance de la boutique, fraîche et épurée, est librement inspirée des intérieurs scandinaves, avec de nombreux accessoires qui raviront les amateurs de design nordique. Du tissage mural jusqu'à la vaisselle aux motifs graphiques, Dorothée a l'œil pour repérer les best-sellers de demain. Les marques du moment côtoient les exclusivités dans une ambiance joyeuse et colorée. Mention spéciale pour les torchons La Cerise sur le Gâteau, les miroirs Reine Mère ou les affiches Kortkartellet...

Sentou

112, boulevard de Courcelles, 17e • M° Ternes
Tél. 01 82 83 52 90

Ouvert du mardi au samedi de 11h à 19h

Autres adresses sur le site
sentou.fr

AUX AVANT-POSTES DU STYLE • En 1947, Robert Sentou fonde l'Usine des bois du Périgord où il édite les créations des designers de son époque comme Charlotte Perriand ou Roger Tallon. Cette vocation est restée intacte, et Sentou continue à éditer et rééditer les créations de son studio de design ainsi que des pièces exclusives. La boutique propose un univers sans fioritures, original et coloré. On y retrouve des icônes du design tels le canapé Coogee, les tables Lalinde, la bibliothèque Bergerac, mais aussi les luminaires d'Isamu Noguchi, l'escalier M400 ou l'Acapulco chair.

Cosi Loti

21, rue Houdon, 18ᵉ • M° Abbesses
Tél. 01 44 92 90 39

Ouvert du mardi au dimanche de 11h à 14h et de 15h à 19h30

cosiloti.canalblog.com

COCON SCANDINAVE • Stéphanie Karaboghossian est une dénicheuse de talents hors pair. Dans sa jolie boutique à la douceur toute féminine, on prend le temps de flâner, de découvrir des nouveautés ou de retrouver les pièces emblématiques du design nordique. Dans un agencement faussement désordonné, on y trouve du linge de maison signé La Cerise sur le Gâteau, de la vaisselle Bloomingville et Broste Copenhagen, des boîtes imprimées House Doctor, des créations textiles La Cocotte ou encore une sélection de bougies Produce Candles aux parfums originaux... Une boutique intime au charme fou.

L'Objet qui parle

86, rue des Martyrs, 18e • M° Abbesses
Tél. 06 09 67 05 30

Ouvert du lundi au samedi de 13h à 19h30

objetquiparle.com

PROFONDE INSPIRATION • Cette minuscule boutique regorge de trésors plus insolites les uns que les autres, à mi-chemin entre une brocante et un élégant cabinet de curiosités. Guillaume, le propriétaire des lieux, est un passionné de chine qui fournit bon nombre d'institutions, boutiques branchées et restaurants de la capitale. S'il connaît sa boutique par cœur, il peut aussi et avec plaisir se mettre en quête de l'objet de vos rêves. Du lustre à pampilles à la fiole d'apothicaire, en passant par la vaisselle vintage, les curiosités religieuses ou les trophées de chasse, les amateurs d'objets insolites y trouveront certainement leur bonheur. On prend plaisir à fouiller parmi ce bric-à-brac de grand-mère autant qu'à admirer les antiquités, animaux naturalisés et objets de notre enfance.

Rose Bunker

10, rue Aristide-Bruant, 18e • M° Abbesses
Tél. 01 42 57 90 62

Ouvert lundi de 14h à 19h, du mardi au samedi de 10h45 à 19h30,
dimanche de 12h à 18h30

rose-bunker.fr

QUAND UPCYCLING ET VINTAGE SE RENCONTRENT • L'*upcycling*, c'est l'art de faire du neuf avec du vieux, de retravailler des pièces vintage pour les transformer en objets au goût du moment. Éric et Vincent, les deux créateurs de la boutique, imaginent donc, au gré de leurs trouvailles, des sacs réalisés à base de vieux canevas, de jolies pochettes tissées avec des capsules de canettes ou encore des sacs de riz, jusqu'aux bijoux en vinyle en passant par d'anciennes affiches d'école. Au-delà d'une simple vitrine branchée, les producteurs locaux et indépendants trouvent chez Rose Bunker un écrin de choix, où le fait-main tient la première place.

LE MARCHÉ SAINT-PIERRE

Autour de la place Saint-Pierre, 18e • M° Barbès-Rochechouart

marchesaintpierre.com
couponsdreyfus.com
tissusreine.com
les-coupons-de-saint-pierre.fr

LE ROYAUME DU TEXTILE ET DU DIY • Véritable lieu de pèlerinage pour les fans de déco et de couture, le marché Saint-Pierre est composé de boutiques spécialisées dans la vente de tissus et de produits de la mercerie depuis les années 1920. Avec la vogue retrouvée de la machine à coudre et l'essor du DIY, les boutiques attirent de nouveau de nombreux Parisiens, voulant se composer une déco sur mesure. Si Coupons Dreyfus, Tissus Reine et Les Coupons de Saint-Pierre forment le trio de tête, le quartier n'en regorge pas moins d'adresses aux spécialités parfois pointues et aux prix cassés. Le côté "déballage", le choix gigantesque, des toiles de belle facture et des vendeurs chevronnés font toute la différence et le charme de ce qui est aussi un but de promenade en soi.

Tiendas Esquipulas

20, rue Houdon, 18e • M° Abbesses
Tél. 01 42 55 64 38

Ouvert du mardi au samedi de 12h à 19h

esquipulas.fr

AU-DELÀ DES CLICHÉS • Ana Carrillo, jeune Guatémaltèque, et sa nièce Lucia Romero Carrillo, toutes deux passionnées par l'artisanat sud-américain, proposent une sélection unique d'objets en provenance du Mexique et du Guatemala dénichés au gré de leurs voyages. Si l'univers de la peintre mexicaine Frida Kahlo est présent à chaque recoin de la boutique, la sélection sort largement des clichés sud-américains. Outre les traditionnels *ex-voto* ou masques de catcheurs, Tiendas Esquipulas propose des accessoires déco plus atypiques tels que des toiles cirées *made in* Mexico, des coupelles en mélaminé estampillées de la vierge de Guadalupe, ou encore des vases tulipe au look ultra-vintage...

Tombées du Camion

17, rue Joseph-de-Maistre, 18e • M° Blanche
Tél. 09 81 21 62 80

Ouvert tous les jours de 13h à 20h

tombeesducamion.com

REPAIRE DE COLLECTIONNEURS • Aucun fil rouge chez Tombées du Camion, si ce n'est la quantité et la singularité des objets présentés : du plus absurde au plus culte, ils prêtent à sourire et réveillent en nous une multitude de souvenirs ! Une fibre nostalgique soigneusement entretenue par Charles, qui va pêcher un peu partout ces petits accessoires, jouets manufacturés du siècle dernier, fonds de mercerie, bijoux, perles ou encore matériel de laboratoire boudés par les boutiques ou passés de mode. Ce bric-à-brac ravira les nostalgiques et les amoureux d'objets anciens.

Caprices & Comédies

92, boulevard Jean-Jaurès, 19e • M° Laumière
Tél. 01 71 97 57 30

Ouvert du mardi au samedi de 10h15 à 19h15

Facebook : Caprices et Comedies

RETOUR EN ENFANCE • Solène Bellec a ouvert cette petite échoppe magique pour que les parents du quartier puissent y trouver de jolis cadeaux insolites, des articles de fête, mais aussi des luminaires vintage, des senteurs et des accessoires design. Sans cesse à la recherche de nouveautés, la jeune maman a recréé une ambiance rétro où les meubles en formica renvoient à l'époque des sorties d'école, des bonbons et de l'insouciance. Le petit plus : la cabane en bois où les enfants peuvent regarder des films et les animations régulièrement organisées par la maîtresse des lieux.

Emmaüs Défi 104

104, rue d'Aubervilliers, 19e • M° Riquet
Tél. 09 70 81 89 60

Ouvert mercredi de 13h30 à 18h15, jeudi et vendredi de 13h30 à 17h45,
samedi de 11h30 à 18h45

emmaus-defi.org

CHINER SOLIDAIRE • Au cœur du Cent-Quatre, "plate-forme artistique collaborative", dans laquelle se croisent des artistes en tout genre, boutiques et start-up créatives, Emmaüs Défi 104 se veut un lieu de vie dans lequel on peut se poser, flâner ou bouquiner. Meubles anciens, vêtements vintage, vaisselle, livres, électroménager ou bibelots, chaque objet a son histoire. La boutique accueille également les créations "Emmaüs Made" réalisées par des salariés, qui transforment les vinyles en tabouret vintage, les meubles défraîchis en mobilier pop, ou encore les cravates en échelles ou en paravents.

La Petite Maison dans la Villette

33, rue de la Villette, 19e • M° Place-des-Fêtes
Tél. 06 31 68 89 80

Ouvert du mardi au samedi de 11h à 19h30

Facebook : La Petite Maison dans la Villette

TROP MIMI • Ce quartier, longtemps boudé par les Parisiens, connaît depuis quelque temps un renouveau de créativité. La Petite Maison dans la Villette fait partie des précurseurs dont les adeptes de tissus atypiques, mercerie et petits cadeaux mode et déco se sont rapidement passé et repassé l'adresse. Sous ses airs de maison de poupée, la boutique propose une sélection de doudous, vaisselle, vêtements, coussins et petits objets déco qui raviront les amoureux du style rétro. La sélection de tissus japonais et de Liberty *british* est aussi ravissante, tout comme les rubans, biais et dentelles choisis pour leur qualité.

Authentique Parenthèse

50, rue de la Bidassoa, 20e • M° Gambetta
Tél. 01 72 60 91 88

Ouvert du mercredi au samedi de 11h à 19h30, dimanche de 12h à 19h

authentiqueparenthese.fr

PARENTHÈSE ENCHANTÉE • Authentique Parenthèse est située dans un charmant périmètre, entre la place Martin-Nadaud et le village de Ménilmontant. Ce joli bazar propose une sélection de produits design et de petits cadeaux arty : les propriétaires profitent de leur temps libre pour dénicher des objets originaux, souvent des pièces uniques ou des petites séries, qu'ils exposent dans une ambiance mi-exotique mi-design. Pêle-mêle, on y trouve des coussins venus tout droit d'Afrique du Sud, des boîtes vintage indiennes, des cadres en laiton, des torchons sérigraphiés du Yorkshire et bien d'autres trésors. Le credo ? Mélanger l'élégant, l'original, la qualité et le style tout en allant à l'encontre des "mastodontes" de la déco. Une adresse parfaite pour les curieux à la recherche d'originalité.

Eva Pritsky

5, rue d'Eupatoria, 20e • M° Ménilmontant
Tél. 01 44 62 20 69

Ouvert du mardi au samedi de 17h à 2h

Facebook : Eva Pritsky

BISTROT-BROCANTE • Chiner un joli miroir ancien tout en buvant un verre ? Pourquoi pas ! Dans le bistrot d'Eva Pritsky, tout est à vendre. On y vient fouiller en toute décontraction dans le bric-à-brac joliment mis en scène, ou tout simplement déguster un bon verre de vin. Cette boutique aux allures de buvette de village est devenue, au fil du temps, un lieu convivial animé chaque fin de semaine par sa pétillante propriétaire. Les après-midis sont consacrés à la chine et aux bavardages, les soirées et les week-ends à la fête, aux projections cinéma et aux concerts (tous styles confondus). Les fauteuils dépareillés, la clientèle éclectique et les tableaux accrochés sans apprêt confèrent aux lieux une ambiance hors du temps et pleine de charme.

Le Village

2, rue Étienne-Marey, 20e • M° Porte-de-Bagnolet
Tél. 01 43 64 69 51

Ouvert du mardi au samedi de 10h30 à 19h30

le-village-design.com

SÉLECTION SANS FAUSSE NOTE • En lieu et place d'une ancienne boulangerie – dont on peut encore apercevoir la superbe devanture normande –, ce comptoir chic et épuré doit son nom à la Campagne à Paris, l'un des plus jolis quartiers de la capitale. Sa fondatrice, Hélène Colmet Daage, fait la part belle aux grandes marques de décoration scandinaves, mais aussi aux maisons plus confidentielles et aux petits créateurs vendus en exclusivité. Ils sont tous présentés avec beaucoup de fraîcheur et de goût : mobilier polonais Best Before, textile et linge de maison (Vivaraise, Les Touristes...), suspensions colorées Gong, paniers Tine K Home. De jolies surprises déco que l'on ne retrouve nulle part ailleurs.

140x270
€99
Fragola
Deep Ocean

140x220
€79
NAPPE
100% Lin
Small
€ 59
Medium
€ 79
Large
€ 99

Index

CRÉDITS PHOTOGRAPHIQUES

Édition : Sandrine Gulbenkian et Mathilde Kressmann
Relecture-correction : Martine Perrin et Olivier Debanne
Direction artistique et couverture : Isabelle Chemin

ISBN : 978-2-37395-005-2
Dépôt légal : octobre 2016
Achevé d'imprimer en UE en septembre 2016